KB162785

왜
무신정변이
일어났을까?

17
역사공화국
한국사법정

교과서 속 역사 이야기, 법정에 서다

의종 vs 정중부

왜 무신 정변이 일어났을까?

글 신안식 | 그림 박상철

㈜자음과모음

1170년에 정중부, 이고, 이의방, 이의민 등 무신들이 반란을 일으켰습니다. 그들은 한뢰, 김돈중 등 많은 문신들을 살해했고, 국왕 의종을 오늘날의 거제도로 유배 보냈습니다. 의종은 결국 경주에서 이의민에 의해 시해되었지요. 우리는 이를 '무신 반란' 혹은 '무신 정변'이라 하고, 무신들에 의해 성립된 정권을 '무신 정권'이라고 부릅니다. 왕조 사회에서 특이한 정권인 무신 정권은 1170년(의종 24)부터 1270년(원종 11)까지 약 100년이라는 오랜 기간 동안 유지되었습니다.

고려 왕조는 918년에 태조 왕건에 의해 건국된 이후 약 250여 년 동안 문신들을 중심으로 정치를 운영했습니다. 하지만 고려 왕조는 12세기 초부터 내부적으로 많은 모순이 발생했습니다. 중앙에서는

1126년(인종 4)에 '이자겸의 난'이 일어났고, 1135년(인종 13)에는 서경에서 '묘청의 난'이 일어나기도 했습니다. 중앙에서 권력 싸움이 벌어지자 농민들의 생활은 점점 더 어려워져서 많은 농민이 일정한 거처 없이 떠돌아다녔습니다. 하지만 중앙 정부에서는 농민의 생활은 돌보지 않은 채 권력 싸움만을 일삼았고, 결국 무신 정변이 일어나고 말았습니다. 무신 정변을 계기로 고려의 정치 운영은 문신 중심에서 무신 중심으로 변화했습니다. 그런데 권력을 잡은 무신들 또한 고려의 개혁은 뒷전으로 밀어 놓고 이전 시기의 사회적 모순과 폐단을 되풀이했습니다.

우리는 고려 시대의 무신 정권에서 소중한 교훈을 얻을 수 있습니다. 바로 정치권력이 바뀌었다고 해서 사회 모순이 사라지는 것은 아니라는 것입니다. 무신 정권이 100년 동안 이어지는 사이 고려 사회의 내부적인 모순은 해결되지 않았습니다. 그뿐만 아니라 대외적으로도 유목 민족인 몽골의 세력이 커지면서 고려는 새로운 위협에 놓이게 되었습니다. 금나라가 몽골에 의해서 무너졌고, 남송도 몽골의 침략으로 풍전등화의 위기를 맞이했습니다. 최씨 정권은 고려 왕조의 위기를 예측할 수 있었음에도 불구하고 몽골과 효율적으로 대외 교섭을 하기보다는 정권을 유지하는 데만 급급했습니다. 그 결과 고려는 몽골을 막아 내지 못했고, 약 100여 년간 몽골이 세운 원나라의 간섭을 받는 치욕을 당해야 했습니다.

1392년, 조선이 등장하고 나서야 우리 역사는 고려의 대내외적인 모순을 극복하고 새롭게 발전할 수 있었습니다. 조선이 세워질 때까

왜 무신 정변이 일어났을까?

지 약 200여 년 동안 우리 역사는 후퇴한 셈입니다.

이제 우리는 지금으로부터 약 900여 년 전에 일어났던 무신 정변 속으로 들어갈 것입니다. 정변을 일으킨 세력과 그 와중에 죽은 자들을 역사공화국이라는 가상의 공간에 불러내 그들의 못다 한 이야기를 들어 볼 것입니다. 무신들이 정변을 일으킨 까닭과 이후 무신들 내부에 첨예한 권력 싸움이 일어난 이유를 당사자들의 증언을 통해 판단해 볼 수 있을 것입니다. 무신 정변에 대한 역사적인 평가는 오늘날 우리의 몫입니다. 다만 한 가지 명심해야 할 것은 역사는 그 시대를 살았던 사람들에 의해서 이루어졌다는 점입니다. 때문에 우리는 오늘날의 잣대로 무신 정변을 쉽게 평가해서는 안 되며, 시대적인 배경과 이후의 역사적인 결과를 아울러 생각하면서 이해해야 할 것입니다. 독자 여러분의 판단을 기대해 봅니다.

신안식

무신들은 오랫동안 계속되어 온 차별 대우와 문신 위주의 정치에 불만을 품고 있었다. 그런데 당시 왕이었던 의종이 정치에 뜻을 잃고 놀이와 연희를 즐겼다. 의종이 놀이를 즐길 때를 이용하여 정중부, 이의방 등의 무신들이 정변을 일으켰다.

중학교 　 역사

IV. 고려 사회의 변천
　1. 무신 정권의 성립과 몽골과의 전쟁
　　(1) 무신이 정권을 잡다

무신 정권이 수립된 후, 무신 집권자들도 이전과 마찬가지로 백성들을 심하게 수탈하였다. 그리고 무신 집권자 가운데는 노비도 있어 신분 질서가 흔들렸다. 이에 하층민들의 저항 운동이 일어났다.

문벌 귀족은 사회 모순에 대한 개혁을 외면하였고, 이 과정에서 문무 간의 갈등은 더욱 깊어졌다. 결국 무신들은 정변을 일으켜 국왕을 교체한 후 중방을 중심으로 권력을 행사하였다. 최씨 정권은 정권 유지와 안정에 치중하여, 대토지를 차지하고 도방과 삼별초를 두어 군사적 기반을 강화하였다.

고등학교	한국사	II. 고려와 조선의 성립과 발전
		  1. 민족을 재통일하여 발전한 고려
		    (3) 문벌 귀족 사회가 동요하다

		II. 고려와 조선의 성립과 발전
		  1. 민족을 재통일하여 발전한 고려
		    (5) 개방성을 띤 고려 사회

고려는 엄격한 신분제 사회였지만, 신분 상승이 거의 없었던 신라의 골품제보다는 좀 더 개방적이었다. 무신 정권 시기에 하층민들의 신분 해방 운동 등을 거치면서 향·소·부곡들도 일반 군·현으로 승격되었다.

1115년	여진, 금나라 건국
1147년	2차 십자군 원정
1171년	이집트, 파티마 왕조 멸망
1177년	주희, 『사서집주』 완성
1187년	살라딘, 예루살렘 탈환
1189년	3차 십자군 원정
1192년	일본, 가마쿠라 막부 세움
1204년	동로마 제국 멸망 십자군, 콘스탄티노플 장악
1206년	테무친, 몽골 통일
1215년	영국, 대헌장 제정
1241년	신성 로마 제국, 한자 동맹 수립

원고 **의종**(1127년~1173년, 재위 기간 : 1146년~1170년)

나는 고려 제18대 왕인 의종입니다. 1170년에 정중부와 이의방 등 무신 세력이 반란을 일으켰을 때 폐위되었지요. 그 뒤 지방에서 지내다가 이의민에게 죽임을 당하고 말았습니다. 왕권을 강화하기 위해 무신 세력을 가까이했던 것인데, 이렇게 뒤통수를 맞다니…… 정말 억울합니다.

원고 측 변호사 **김딴지**

역사공화국의 명변호사 김딴지입니다. 이번 재판에서도 멋진 변론으로 무신 정변은 일부 무신 세력이 일으킨 반란에 불과하다는 걸 똑똑히 보여 주겠어요.

원고 측 증인 경대승

나는 고려의 무신으로 1179년에 이번 재판의 피고인 정중부를 제거하고 경대승 정권을 세웠지요. 나는 무관뿐만 아니라 문관들도 골고루 등용하여 혼란스러운 사회를 안정시키려고 노력했어요.

원고 측 증인 최충헌

나는 1196년에 이의민을 죽이고 고려의 최고 집권자가 되었습니다. 이후 나의 아들, 손자에 이르기까지 62년간 최씨 정권이 고려를 다스리게 되었지요.

판사 공정한

역사공화국 한국사법정의 명판사 공정한입니다. 이번 재판도 치열할 것으로 예상되지만 과거의 역사를 되짚어 보는 순간에 어느 쪽으로도 기울지 않고 공정하게 판결하도록 노력하겠습니다.

피고 정중부(1106년~1179년)

나는 이의방, 이고 등과 함께 무신 정변을 일으킨 정중부라고 합니다. 그때 나는 정3품 상장군이라는 높은 직책에 있었지요. 나와 무신들이 정변을 일으킨 건 의종 폐하와 문신들이 고려를 제대로 다스리지 못했기 때문이에요.

피고 측 변호사 이대로

역사공화국에서 활약하고 있는 변호사, 이대로입니다. 무신 정변이 한낱 정권을 잡기 위한 반란이 아니라 혼란스러웠던 정치 상황을 바로잡기 위한 어쩔 수 없는 군사적 행위였다는 사실을 증명해 보이겠습니다.

피고 측 증인 이의방

나는 문신들의 횡포와 차별 대우를 더는 두고 볼 수 없어 정중부와 함께 무신 정변을 일으킨 이의방입니다. 정변에 성공한 이후 거사를 치렀던 이고가 내 말을 듣지 않아 애석하게도 그를 제거해야 했지만요.

피고 측 증인 이고

정중부, 이의방과 함께 무신 정변을 주도한 이고입니다. 비록 이의방에게 죽임을 당하긴 했지만 무신 정변을 성공시키기 위해 누구보다 힘썼던 사람이랍니다.

피고 측 증인 이의민

나는 무신 정변에서 행동대 역할을 했습니다. 내 손으로 의종 폐하를 죽이기도 했지요. 경대승이 죽은 이후에는 최고 집권자가 되어 이의민 정권을 세웠습니다.

"무신 정변이 역사공화국에서 되살아나다"

여기는 영혼의 나라, 역사공화국이다. 어느 날 평화로운 역사공화국에 작은 사건이 발생했다. 고려 시대 영혼이 모여 사는 고려동에서 집단 폭행 사건이 일어난 것이다. 폭행을 가한 쪽은 의종, 한뢰, 김돈중이고, 폭행을 당한 쪽은 정중부였다.

정중부는 1170년, 의종이 고려를 다스릴 때 무신의 신분으로 반란을 일으켜 많은 문신을 죽이고 권력을 잡았던 인물이다. 물론 이후 경대승이라는 젊은 무신에게 죽임을 당하기는 했지만, 초기 무신 정권을 이끌었던 최고 지배자 중 한 사람이었다. 사건이 일어나던 날, 정중부는 오랜만에 정변의 동지였던 이고, 이의방, 이의민을 만나 얼큰하게 술을 마시고 집에 돌아가는 길이었다.

그때 골목 구석에서는 한 무리의 사내들이 정중부가 나타나길 기다리고 있었다. 그들은 정중부가 술에 취해 비틀거리며 나타나자 주먹과 발길질로 그를 마구 때렸다. 정중부의 숨이 거의 끊어지기 일보 직전에 그 사내들은 골목으로 뿔뿔이 흩어졌다. 얼마나 도망쳤을까? 이들은 미리 정해 놓은 장소에 모였다. 그들은 다름 아닌 무신 정변 때 무신들에게 죽임을 당한 의종, 한뢰, 김돈중이었다. 고려 제18대 왕을 지낸 의종이 먼저 말을 꺼냈다.

"하하하! 아이고, 가슴이 다 후련하구나."

그러자 한뢰가 의종의 기분을 맞추려고 아부를 했다.

"폐하, 후련하십니까? 저도 기분이 좋습니다. 그동안 우리를 해친 무신들을 혼내 줄 방법을 찾고 있었는데, 오늘 정말 통쾌합니다."

옆에 있던 김돈중도 한마디 거들었다.

"폐하, 저들을 그냥 두어도 되겠습니까? 저들을 혼내 줘야 마땅하지 않겠습니까? 고려 왕조를 이끌던 우리를 죽인 자들이 누구입니까? 하루빨리 저들을 한국사법정에 세워서 역사의 심판을 받게 해야 합니다. 무신들이 난동을 부린 첫째 이유가 한뢰 공에게 있으니, 한 공이 이 일을 추진해 주었으면 합니다."

"김 공, 아무리 시간이 오래 지났지만 김 공이 나에 대해 그렇게 이야기해서는 안 되지요. 내가 무신 정변의 원인을 제공했다니요? 그럼 김 공은 아무 잘못이 없다는 말입니까?"

"내 잘못이 없었다는 얘기가 아니라, 한 공이 무신들에게 칼을 휘두를 수 있는 기회를 주었다는 말입니다. 그때 한 공이 이소응의 뺨만 때리지 않았어도 무신 정변이 일어났겠습니까?"

"그럼 김 공이 그 이전에 정중부의 수염을 태운 사건은 어떻고요? 그것이 정중부의 노여움을 사지 않았습니까? 일차적인 원인은 김 공에게 있습니다."

김돈중과 한뢰의 목소리가 점점 높아지자 옆에서 못마땅한 표정을 짓던 의종이 이들의 말을 가로막았다.

"자자, 왜들 이러는가! 우리가 이렇게 싸워서야 어떻게 저들을 응징할 수 있을 것이며, 또 후세에 우리의 억울한 심정을 알릴 수 있겠는가? 내 생각에는 좋은 변호사를 선임해서 저들을 하루빨리 법정에 세우는 것이 최선이네!"

그러자 한뢰가 기다렸다는 듯이 말을 꺼냈다.

"폐하, 걱정하지 마십시오. 제가 김딴지 변호사라는 아주 유능한 변호사를 잘 압니다. 김딴지 변호사에게 사건을 의뢰하여 무신들을 법정으로 불러내면 됩니다. 오래전에 대한민국 법정에서도 군부 쿠데타로 정권을 잡은 자들이 실형을 받은 일이 있었습니다. 역사를 바로잡아야 한다는 명분만 잘 세우면 우리가 소송에서 이길 수 있을 것입니다."

이날 이들의 대책 회의는 밤늦게까지 계속되었다. 의종이 김딴지 변호사를 만나서 대표로 소송을 걸고, 한뢰와 김돈중이 의종을 적극적으로 돕는 것으로 결정이 되었다.

며칠 후, 집단 구타를 당한 정중부가 입원한 역사공화국 병원에 이고, 이의방, 이의민이 병문안을 왔다. 이고가 먼저 말을 꺼냈다.

왜 무신 정변이 일어났을까?

"정 공, 몸은 좀 어떠십니까? 아니, 대체 어떤 자들이 정 공을 이리도 심하게 때린 겁니까? 혹시 우리에게 죽임을 당한 자들이 의도적으로 정 공을 폭행한 것이 아닙니까?"

"글쎄, 어둠 속에서 갑자기 당한 일이라 얼굴을 보지는 못했지만, 나를 때리는 힘이 그다지 세지 않았던 점으로 보아 범인이 자객이나 무인 출신은 아닌 것 같소."

성격 급한 이의민이 흥분하여 소리쳤다.

"아니, 무인도 아닌데 이렇게 당했단 말씀이십니까?"

정중부가 얼굴을 찌푸리며 중얼거렸다.

"그날 밤 많이 취한 데다 갑자기 당한 거라 말하지 않았소. 순식간에 벌어진 일이라……."

"걱정하지 마쇼. 내 이놈들을 찾아내 박살을 내줄 테니."

그때 텔레비전에서 긴급 속보가 흘러나왔다. 의종이 한국사법정에 정중부를 고발했다는 내용이었다. 텔레비전 화면에는 한국사법정에 소장을 제출한 후 기자 회견을 하고 있는 의종과 한뢰, 김돈중의 모습이 나오고 있었다.

"지금 저, 저자들이 뭐를 했다고? 나를 고소해?"

정중부는 주먹을 들어 내리치며 소리를 내질렀다. 정중부가 고소당했다는 믿을 수 없는 소식에 병실에 모인 이들은 저마다 흥분하여 떠드는 바람에 한동안 시끄러웠다. 그러나 곧 정중부가 그들을 제지했다.

"모두 조용히들 하시오. 생각 좀 해 봅시다."

순간 병실 안은 무거운 정적이 흘렀다. 그 침묵을 깬 것은 이의방이었다.

"마침내 올 것이 오고야 말았군요. 이참에 소송에서 저들을 이겨서 다시는 우리에게 맞서지 못하게 만듭시다. 세상 사람들이 우리를 나쁘게 생각하고, 교과서에 우리의 혁명이 정변으로 잘못 기록되어 있는 것도 바로잡읍시다."

왜 무신 정변이 일어났을까?

이의민도 이의방을 거들었다.

"맞소. 그럽시다. 내가 아는 변호사 중에 이대로 변호사라는 자가 있는데, 꽤 유능하지요. 그 사람에게 정 공의 변호를 의뢰해서 이번 소송을 잘 처리해 보도록 합시다. 우리도 모두 증인으로 나서서 정 공을 돕겠습니다."

정치가들은 부정을 저지르거나 모함을 받았을 때 위기의 순간을 모면하기 위해 이렇게 말한다. "자신에 대한 평가는 훗날 역사가 해 줄 것이다"라고. 1170년에 발생했던 무신 정변이라는 역사적인 순간이 이로써 영혼의 나라, 역사공화국에서 되살아나고 있었다.

무신 정권의 권력

　고려의 관리는 정치와 행정 업무를 담당하는 문신과 나라를 지키는 무신으로 나누어져 있었습니다. 그런데 무신보다 문신을 우대해, 무신들은 문신보다 높은 벼슬에 오를 수도 없고 늘 찬밥 신세였습니다. 설상가상인 것이 고려의 왕인 의종이 나랏일을 뒷전으로 미루고 놀이에 빠져 있어 무신들이 문신들에게 토지와 권력을 빼앗기는지도 몰랐지요. 문신으로 막강한 위세를 부리고 있던 김부식의 아들이 무신인 정중부의 수염을 태우는 일까지 발생합니다.

　1170년 8월, 의종은 문신들과 함께 보현원이라는 절로 나들이를 떠났습니다. 여기서 택견과 유사한 놀이로, 손을 주로 사용해서 공격하는 경기인 '수박희(手博戲)'를 벌였습니다. 그런데 수박 시합 도중 노장군인 이소응이 쓰러지자 젊은 문신 한뢰가 이소응의 뺨을 때리며 모욕을 주는 사건이 벌어졌어요. 이 사건으로 무신들의 불만은 폭발하고 맙니다. 결국 정중부도 반란을 일으킬 결심을 하게 되지요.

　보현원에서 시작된 무신들의 반란은 마침내 무신 정권을 탄생시킵니다. 이것이 바로 '무신 정변'이지요. 무신의 우두머리로 최고의 권력자가 된 정중부는 의종을 폐위시켜 귀양을 보내고 명종을 왕위에 올립

1170	1174	1179	1183	1196	1219	1249	1257	1258	1268	1270	1271
이의방	정중부	경대승	이의민	최충헌		최우	최항	최의	김준	임연	임유무

무신 정권의 권력 이동

니다. 반란을 주도했던 이의방도 최고의 권력을 누리지요. 이렇게 권력을 잡은 무신들은 나라의 군대를 자신의 사병처럼 거느리는가 하면 문신의 집을 습격하고 약탈해 민심을 점점 흉흉하게 만듭니다.

무신이었던 경대승은 이러한 무신들의 행동에 분노하여 최고 권력자인 정중부를 처단합니다. 그러고는 스스로 고려 최고의 권력자가 되었지요. 하지만 경대승은 병을 얻어 서른의 나이에 세상을 떠나고 말았습니다. 경대승이 죽자 무신들의 권력 싸움은 한층 더 심해졌어요. 이때 경대승의 뒤를 이어 정권을 차지한 사람은 이의민입니다. 10년 넘게 최고 권력을 누린 이의민의 정권은 최충헌에 의해 끝나고 맙니다. 최충헌의 권력은 그의 후손에까지 이어져 최우-최항-최의에 이어지는 60여 년 동안 최고 권력을 휘두르게 됩니다.

원고 | 의종	대리인 | 김딴지 변호사
피고 | 정중부	대리인 | 이대로 변호사

청구 내용

본 고소인은 무신 정변으로 억울하게 죽임을 당한 문신들을 대신하여, 정중부를 반역 및 살인죄로 고소하오니 처벌해 주기 바랍니다.

정중부는 국왕의 총애를 받으면서 정3품 상장군 직책까지 올랐던 자였습니다. 국왕이 문신을 우대하여 무신이 차별받았다고 알려져 있지만, 실제로는 무신들도 총애받았습니다. 나는 최고 권력자인 국왕이 한쪽을 편애한다면 또 다른 불만이 생길 수 있다는 점을 잘 알고 있었습니다. 이런 점을 깨닫지 못한 무신들이 정변을 일으킨 것 자체도 잘못이었지만, 이들이 세운 무신 정권이 왕조의 기강을 무너뜨린 것은 더 큰 잘못이었습니다.

더구나 정변을 일으킨 무신들은 국왕과 문신들을 살육했습니다. 그중에는 정변의 원인이 되었던 문신들뿐만 아니라 단지 문신이라는 이유로 무고하게 죽임을 당한 사람들도 다수 포함되었습니다. 한 명의 뛰어난 인재를 키우기 위해서는 오랜 시간과 투자가 필요합니다. 많은 인재가 무신 정변으로 죽임을 당함으로써 무신 정권 100여 년 동안 역사는 후퇴했고, 그 결과 고려는 원나라에 의해 100여 년 동안 지배를 당하는 치욕을 겪었습니다. 더군다나 그들은 한 나라의 최고 통치자인 국왕을 시해한 극악무도한 자들입니다.

아무리 시간이 오래 지났어도 억울한 죽음에 대해서는 그 책임을 물어야 한다고 생각합니다. 역사는 결과에 충실해야 한다는 점에서 1170년 무신 정변의 잘잘못을 따져 무고하게 희생된 자의 명예를 회복시켜 주고, 잘못된 역사 인식을 바로잡아 주기 바랍니다.

입증 자료

- 초등학교 사회 교과서
- 중학교 역사 교과서
- 고등학교 한국사 교과서
  그 외 자료 추후 제출하겠음.

위 청구인 의종
역사공화국 한국사법정 귀중

무신들,
정변을 일으키다

1. 무신 정변의 배경은 무엇일까?
2. 무신 정변은 어떻게 전개되었을까?

1 무신 정변의
배경은 무엇일까?

　　의종의 기자 회견 이후 연일 언론에서는 1170년에 벌어진 무신 정변에 대한 기사가 쏟아져 나왔다. 지금까지 사람들은 900여 년 전에 일어난 무신 정변을 그다지 신경 쓰지 않았다. 하지만 무신 정변 때 죽임을 당한 자들이 정중부를 고소하면서 이 사건은 역사공화국의 가장 큰 뉴스거리가 되었다. 한국사법정에서는 이 사건을 1호 법정에 배당했고, 공정한이 담당 판사가 되었다.

　　공정한 판사는 과거 군부 쿠데타로 권력을 잡은 주동자들에게 법의 심판을 내린 집안의 후예였고, 법조계에서는 꽤 유명한 인물이었다. 담당 판사로 임명되면서 공정한에게는 깊은 고민이 생겼다. 과거의 역사 문제를 어떻게 학문적인 논쟁이 아닌 법의 논쟁으로 끌어들일 수 있는지에 대한 고민이었다. 그는 역사공화국에서 과거의 역사를 되짚어 보는 중요한 순간에 어느 쪽으로도 기울지 않겠다며 역사의 저울을 마음속에 새겼다.

영혼의 시간은 흘러 드디어 무신 정변에 대한 재판 첫째 날이 되었다. 역사공화국의 모든 언론이 이 재판에 주목했다. 아침 9시 30분 정각, 한국사법정에 제일 먼저 도착한 자들은 무신 정변 주동자들이었다. 이들은 제법 당당한 모습으로 기자들의 질문에 답변했다.

기자　　정중부 씨는 무신 정변의 주동자라고 알려져 있는데, 맞습니까?

정중부　　글쎄요. 얼떨결에 정변에 참여해 덕을 본 것도 있지만, 사실 나는 얼굴 마담이었습니다.

기자　　그럼 누가 정변의 주동자였나요?

정중부　　그것은 역사 교과서에 잘 나와 있지 않나요?

기자　　이고 씨, 이의방 씨, 지금 정중부 씨께서 두 분이 무신 정변을 주도했다고 하는데, 사실입니까?

이고　　우리가 한 행동은 혁명이었습니다. 부패한 국왕과 그에 아부한 문신들을 척결하여 고려를 안정시키려고 일으킨 혁명이었다는 말입니다.

이의방　　나도 같은 생각입니다. 혁명은 혼자 하는 것이 아니오. 우리 모두가 철저한 계획을 세워서 실행했던 것이오. 여러분도 잘 아시겠지만 당시 백성의 삶은 매우 어려웠고, 그렇게 만든 자들은 바로 국왕과 문신들이었소. 때문에 우리들의 거사가 정변으로 불리는 것은 억울하오. 정변이 아니라 '무신 혁명'으로 불러 주시오.

기자　이의민 씨, 당신은 많은 문신을 죽였을 뿐만 아니라, 국왕 의종을 시해했지요? 지금 그때의 행동을 어떻게 생각하십니까?

이의민　기자 양반, 이의민 씨가 아니라 이의민 장군이라고 불러 주시오. 나는 내 이 주먹 한 방으로 세상을 바꾼 사람입니다. 나는 위에서 내린 명령에 따라 행동했을 뿐이오. 나는 주동자도 아니었고, 세상을 바꾸는 혁명에 참여한 영광을 얻은 사람이었을 뿐입니다. 다만, 나를 아꼈던 국왕 의종을 시해한 것은 반성합니다.

　다른 기자들의 질문도 쏟아졌지만 곧 원고 의종과 그를 돕고 있는 한뢰, 김돈중이 도착한다는 소식이 전해지면서 기자들의 시선이 그쪽으로 움직였다. 이윽고 의종, 한뢰, 김돈중이 한국사법정에 도착했다. 이들은 기자들의 집요한 질문 공세에 짤막하게 답변했다.

기자　조금 전에 무신 정변의 주동자들이 자신들의 행동은 정변이 아니라 혁명이었다고 했습니다. 어떻게 생각하십니까?

의종　혁명은 무슨 혁명! 그들은 짐을 시해했을 뿐만 아니라 많은 문신을 죽인 살인마들에 불과하오.

기자　의종께서는 그들에게 관직을 주고 보살펴 주었는데, 왜 그들이 당신을 배반한 거라고 생각하십니까?

의종　기자 양반, 나는 고려의 제18대 국왕이었소. 나를 부를 때는 폐하라고 하시오. 음, 짐은 고려의 국왕으로서 문신과 무신을 적절

하게 우대했소. 그런데 무신들은 배은망덕하게도 짐을 배반하고 죽이기까지 했소이다. 국왕을 배반한 자들은 입이 열 개라도 할 말이 없을 것이오.

한뢰 　나는 고려 왕조의 신하였고, 폐하를 잘 보필하려고 노력한 문신이었소. 나는 역사 앞에 부끄럽지 않으려고 노력했지만, 멍청한 무신들이 정변을 일으켜서 모든 걸 망쳐 버렸소. 이제 법정에서 우리의 억울함이 밝혀지면 세상 사람들이 우리를 이해할 것이오.

기자 김돈중 씨, 당신은 중국에서도 인정했던 고려 최고의 학자이자 지식인, 김부식의 후손으로서 오늘 이 재판을 어떻게 생각하십니까?

김돈중 먼저, 내가 이 자리에 서게 된 것을 부끄럽게 생각하고, 특히 아버님의 명예에 누가 된 점을 죄송스럽게 생각합니다. 나는 아직도 내가 왜 무신들의 표적이 되었는지 잘 모르겠습니다. 이번 재판을 통해서 가문의 명예를 회복하고 싶습니다.

많은 질문이 쏟아졌지만, 이들도 재판 과정에서 모든 것을 밝히겠다는 말을 남기고 황급히 법정으로 들어갔다. 이제 모든 사람들의 시선이 '1호 법정'으로 몰리기 시작했다.

법정 안에는 조용한 긴장감이 흐르고 있었다. 무신 정변으로 인해 죽어서 역사공화국에 온 원고 측과 그 가족들은 피고 측을 원망했고, 피고 측은 이제 와서 성공한 혁명을 다시 재판할 필요가 뭐 있느냐며 원고 측의 원망을 무시했다. 하지만 고려 왕조의 최고위직을 지낸 자들의 집안사람들이라서 그런지 소란스럽지는 않았다.

한편, 원고 측과 피고 측은 중앙 통로를 사이에 두고 앉아 서로에게 따가운 시선을 보냈다. 특히 국왕 의종은 이의민을 보자마자 소스라치듯 몸을 움츠렸고, 한뢰와 김돈중 또한 자신들을 죽였던 피고 측을 보자 감정이 복받친 듯 눈물을 글썽거리기도 했다. 반면 무신 정변의 주동자들은 성공한 혁명을 어쩌겠느냐는 듯이 여유 있는 표정을 지으며 원고 측을 노려보았다. 이윽고 판사의 입정을 알리는 소리가 들리면서 법정 안에 정적이 흘렀다. 드디어 역사적인 재판이 열리는 순간이었다.

판사 오늘 한국사법정에서는 지난 1170년에 벌어진 '무신 정변' 사건을 다루겠습니다. 이 재판은 역사공화국 전체가 지켜보는 중요한 재판이기 때문에 원고와 피고의 입장을 충분히 듣고자 합니다. 특히 이 사건은 여러 사람의 생명을 앗아 간 사건이라 감정 싸움이 있을 수 있겠지만, 역사의 준엄함을 생각해서 다들 진지하게 재판에 임해 주기 바랍니다. 먼저 원고 측 변호인이 사건에 대해 설명해 주세요.

김딴지 변호사 '무신 정변'은 1170년에 일어난 사건으로 지금으로부터 약 850여 년 전의 일입니다.

이대로 변호사 판사님, 이의 있습니다. '무신 정변'이 아니라 '무신 혁명'으로 불러 줄 것을 요청합니다.

김딴지 변호사 판사님, 사건 이름을 바꾸는 것은 적절하지 않습니다. 이 재판은 당시의 사건이 '반란'이나 '혁명'이냐를 따지는 중요한 재판입니다. 지금 피고 측 변호인은 당시의 사건이 '혁명'이었다고 단정 짓고 있습니다.

판사 양측의 입장은 잘 알겠습니다. 현재 소송이 '무신 정변'으로 접수되었기 때문에 그대로 진행하는 것이 좋겠습니다. 여기에 대해서는 더 이상 문제를 제기하지 말기를 당부합니다. 원고 측 변호인은 계속하세요.

김딴지 변호사   감사합니다, 판사님. 이 사건은 우발적으로 일어난 것이 아니라 무신들이 미리 계획한 정변이었습니다. 이 사건에 참여한 무신들은 국왕 의종의 총애를 받았던 자들로, 문신들과는 사이가 좋지 않았지요. 이들 문신과 무신은 당시 고려의 국왕이자 오늘 재판의 원고인 의종의 총애를 받기 위해 서로 경쟁했지만, 의종은 무신보다는 문신을 더 총애했습니다. 이런 불만 때문에 무신들은 정변을 계획했고, 대장군 이소응이 문신 한뢰에게 뺨을 맞은 사건을 계기로 정변을 일으킨 것입니다.

김딴지 변호사의 말을 들은 방청석에서 웅성거리는 소리가 들렸다.

"대장군이나 되는 사람이 문신에게 뺨을 맞았다고?"

"자네 그 유명한 사건을 몰랐어? 평소에 차별받던 무신들이 그 사건 때문에 더 화가 나서 무신 정변을 일으킨 거잖아."

"뺨까지 때린 건 정말 심했네."

방청석 분위기가 무신들에게 유리하게 돌아가는 것 같자 당황한 김딴지 변호사가 급히 말을 이었다.

김딴지 변호사   무신 정변의 과정에서 많은 문신이 죽임을 당했고, 심지어 국왕 의종은 이의민에게 맞아 죽었습니다. 정변의 주동자인 피고 측은 자신들의 행동이 백성을 위한 혁명이라고 주장했지만, 이들은 정변 이후에 자신들의 욕심을 채우는 데만 급급했습니다. 심지어 권력을 차지하기 위해 서로 죽고 죽이는 참극을 저질렀지요. 그뿐만 아니라 이들의 수탈을 견디지 못한 지방의 백성들이 무력으로 저항하다가 오히려 죽임을 당했습니다.

존경하는 판사님, 자신들의 욕심을 채우기 위해 살인을 저지른 무신들의 **반인륜적**인 처사와 백성을 수탈한 행위는 시대를 따지지 않고 처벌해야 합니다. 이들의 범행은 재판 과정에서 다시 밝히겠습니다. 이상입니다.

판사   수고했습니다. 이제 피고 측의 변론을 들어 보겠습니다.

이대로 변호사   존경하는 판사님, 이 사건은 이미 850여 년이 지난 과거의 일입니다. 역사는 오늘날의 잣대를 가지고 재판할 수 없다고 생각합니다. 특히 무신 정권이 100여 년이나 유지되었고, 대한민국의 역사로 자리 잡은 것은 무신들이 역사에서 의미 있는 역할을 했기 때문입니다. 또한 정변의 주동자들은 모두 천수를 누리지 못하고 죽임을 당했으며, 그 이후의 역사 기록에 의해 이미 역사적인 심판을 받았습니다. 그들의 죄는 밉지만 이미 시간이 많이 흘렀고, 무신들이 역사의 전환에 일정한 역할을 한 점 등을 헤아려 판결해 주시기 바랍니다. 이상입니다.

판사   이제 본격적으로 재판을 시작하겠습니다. 이번 재판은 무신들이 권력을 잡은 100여 년의 세월을 다루는 사건이기 때문에 우선 무신 정변의 배경과 경과에 대해 살펴보기로 하겠습니다. 먼저 피고

어사대

고려 시대에 풍속을 바로잡던
관청입니다. 관리의 비리나 불
법을 조사하고 탄핵하는 일을
맡아보았습니다.

측 변호인부터 시작하세요.

이대로 변호사　　무신 정변의 배경에 대해서는 피고의 이
야기를 직접 들어 보는 것이 더 정확할 거라고 생각합니다.

판사　　좋습니다. 피고는 앞으로 나와서 선서를 해 주세요.

정중부는 자리에서 일어나 앞으로 나오면서 당당한 눈빛으로 원
고 측을 힐끗 쳐다보았다. 흰 수염이 얼굴 전체를 덮었고, 우람한 체
격은 무신다운 풍모를 보여 주었다. 그는 우렁찬 목소리로 선서를
하고 자리에 앉았다. 그리고 변호사의 요청에 의해 간단하게 자기소
개를 했다.

이대로 변호사　　피고는 정변이 일어났을 때 직책이 무엇이었습니까?

정중부　　정3품 상장군이었습니다.

이대로 변호사　　정3품 상장군은 고려 왕조 중앙군의 최고 지휘관이
었고, 무신으로서 승진할 수 있는 최고 관직이었습니다. 그러면 피
고는 국왕으로부터 총애를 받았다고 할 수 있는데, 정변을 일으킨
이유가 무엇이었습니까?

정중부　　사실 나는 정변에 참여할 생각은 없었는데, 부하인 이고
와 이의방이 워낙 과격해서……. 내가 의종 폐하의 총애를 받은 것
은 사실입니다. 한때 출입이 통제된 수창궁에 함부로 드나들다가 **어
사대**의 탄핵을 받았을 때도 폐하께서 나를 구해 주셨고, 그 뒤에 상
장군으로 승진도 시켜 주셨습니다. 하지만 총명하던 폐하께서는 간

신들의 꾐에 빠져 나라를 돌보지 않았고, 백성의 삶을 어렵게 만들었습니다. 그때는 불만이 폭발할 **일촉즉발**의 시기였고, 그래서 우리가 그런 현실을 극복하기 위해 정변을 일으킨 것입니다. 그리고 또 한 가지 중요한 원인이 있었습니다.

이대로 변호사　그게 무엇입니까?

정중부　당시 고려에는 문벌 귀족이라고 불리는 귀족 세력이 있었습니다. 이들은 음서와 공음전이라는 특혜를 누렸지요. 음서란 아버지나 할아버지가 나라에 공을 세웠거나 5품 이상의 고위 관리를 지냈을 경우, 그 자손에게 관직을 주는 제도입니다. 이때 그 자손은 과거 시험도 보지 않은 채 관리가 될 수 있었지요. 공음전은 나라에서 5품 이상의 관리에게 주던 땅인데요, 이 땅은 자식들에게 물려주는 것이 가능했지요. ▶이런 특권을 누리면서 고려 사회를 지배했던 문벌 귀족들은 우리 무신들을 무시했지요. 이 변호사는 강감찬이 무관이라고 생각합니까, 문관이라고 생각합니까?

이대로 변호사　귀주 대첩을 승리로 이끈 강감찬 장군 말입니까? 당연히 무관 아닌가요?

정중부　다들 그렇게 생각하더군요. 하지만 강감찬은 문신이었습니다. 고려에서는 전쟁이 일어났을 때 군대를 이끄는 최고 지휘관이 무관이 아니라 문관이었거든요. 게다가 고려에는 무관을 뽑는 과거 시험이 아예 없었습니다.

이대로 변호사　네? 무관을 뽑는 과거 시험이 없었다고요?

교과서에는

▶ 고려 시대에는 군대의 최고 지휘권을 문신이 가지고 있었습니다. 무신들은 문신에 비해 토지도 더 적게 분배받았지요. 오랫동안 계속된 차별 대우와 문신 위주의 정치에 무신들은 불만을 품고 있었습니다.

고려 제31대 왕인 공민왕의 무덤 앞에 있는 무신상 (왼쪽)과 문신상 (오른쪽)

정중부　　그렇습니다. 고려 사회가 얼마나 우리 무신들을 업신여겼는지 이제 알 만하겠지요? 정말이지 그때의 서러움을 생각하면 아직도 화가 납니다.

이대로 변호사　　피고의 원통한 심정이 충분히 이해가 됩니다. 그럼 무신 정변은 미리 계획된 것이었나요? 아니면 우발적인 행동이었나요?

정중부　　그 이전에도 정변 제의가 있었는데, 내가 아직은 때가 아니라고 물리친 적이 있었습니다. 다시 한 번 말씀드리지만 우리들의 행동은 우발적인 것이 아니라 대의적 명분에서 나온 '혁명'입니다.

이대로 변호사　　그럼 무신들의 대의적 명분이란 무엇입니까?

정중부　　의종 폐하가 즉위하기 전부터 고려 왕조는 어려움을 겪고 있었습니다. 인종 때 **이자겸의 난**과 **묘청의 난**이 일어나면서 왕실의 권위는 크게 떨어졌지요. 반면 수도 개경에 기반을 둔 문신들이 권력을 장악하면서 세력을 키웠습니다. 또한 반역 사건도 여러 차례 일어났습니다. 1147년에 서경 사람 이숙, 유혁, 숭황 등이 반란을 일으켰고, 1148년에는 개경에서 이심과 지지용 등이 반역을 꾀했지요.

이대로 변호사　　여기저기서 반란이 일어났군요. 게다가 당시 중국에서는 남송과 금나라가 세력을 다투고 있었으니, 고려는 대내외적으로 힘들었겠습니다.

정중부　　맞습니다. ▶그런데 의종 폐하는 나라는 제대로 돌보지 않으면서 경치가 좋은 곳에 많은 별궁과 정자를 지어 놓고 날마다 **음주 가무**를 즐기며 나라 살림을 탕진하여 백성의 원성을 샀지요. 그러니 한시도 조정이 편할 날이 없었습니다. 또 의종 폐하는 잔치를 자주 열었는데, 문신들은 잔치에 참여해 함께 즐겼지만 무신들은 경비를 서면서 그들이 노는 양을 지켜보아야만 했지요. 그때 사실 나는 많은 고민을 했습니다. 무신의 최고 관직에 있던 나로서는 어떻게 이 어려운 형국을 해결하여 하급 무신과 군인들의 불만을 무마할 수 있을지 고민이 되었습니다.

이대로 변호사　　그래서 경기도에 있는 보현원에서 거사

이자겸의 난
고려 인종 때 외척 세력이던 이자겸이 왕위를 빼앗고자 1126년(인종 4) 2월에 일으킨 반란입니다.

묘청의 난
1135년(인종 13)에 승려 묘청 등이 풍수로 앞날의 길흉에 대한 예언을 점치는 풍수도참사상을 이용하여 수도를 개경(지금의 개성)에서 서경(지금의 평양)으로 천도할 것을 주장하면서 일으킨 반란입니다.

음주 가무
술을 마시는 것을 음주라 하고 노래와 춤을 가무라고 한답니다.

교과서에는

▶ 의종은 문신 세력의 견제 때문에 자신의 뜻을 제대로 펴지 못했어요. 말년에는 별궁과 정자를 지어 놀이와 연회에 열중했지요. 백성은 별궁을 짓는 공사에 동원되어 고통을 겪었습니다.

를 단행한 거군요. 그런데 왜 하필 도성에서 멀리 떨어진 곳에서 정변을 일으킨 것입니까?

정중부　젊은 문신 한뢰가 자신보다 나이가 훨씬 많은 대장군 이소응의 뺨을 때린 사건이 보현원에서 일어났기 때문입니다. 처음부터 보현원에서 거사를 단행하기로 계획한 것은 아닙니다.

이대로 변호사　무신 정변의 배경에 대한 제 질문은 여기까지입니다. 피고, 수고하셨습니다.

판사　원고 측 변호인, 반대 신문 하세요.

김딴지 변호사　무신 정변 당시 정3품 상장군이라는 최고 등급의 무신이 여덟 명 있었는데, 피고는 그중 한 명이었습니다. 그렇다면 피고가 정변에 참여한 것은 개인적인 감정 때문이 아닙니까?

정중부　개인적인 감정이라니요?

김딴지 변호사　피고는 고려 제17대 왕인 인종 때 왕을 호위하던 종9품 견룡대정이었지요. 그때 어린 **내시(內侍)** 김돈중이 피고의 수염을 그슬려 수모를 당한 적이 있지 않았습니까? 피고는 그 감정 때문에 정변에 참여한 것이 아닙니까?

정중부　나도 인간인데 그런 일을 당하고 개인적인 감정이 왜 없었겠습니까? ▶1144년에 김부식의 아들인 김돈중이 촛불로 내 수염을 태운 일이 있었지요. 이 사건만 봐도 무신들이 얼마나 대우를 받지 못했는지 잘 알 수 있을 겁니다. 하지만 그 일은 무신 정변이 일어나기 30여 년 전에 일어났던 일이었습니다. 나는 개인적인 감정을 30여 년간 가슴에 품는 옹졸한 인간은 아닙니다. 나는 오로지 대의를 위해 혁명에 가담했습니다.

김딴지 변호사　개인적인 감정도 없었고, 인종과 의종 폐하로부터 극진한 총애도 받았고, 그리고 처음부터 정변에 참여할 생각을 한 것이 아니었다면, 무신 정변에서 피고의

내시
고려 시대에 국왕을 측근에서 모시던 문신 관원입니다. 과거 급제자나 권문세가의 자제가 출세를 위해 가장 선호했던 직책 중의 하나지요. 조선 시대 국왕을 보필하던 환관(宦官)과는 다르답니다.

교과서에는

▶ 김부식 가문은 고려 시대에 세력이 큰 가문 중 하나였어요. 김부식의 아들인 김돈중과 형제들은 호화로운 생활을 하며 부정한 방법으로 재물을 모으기도 했습니다.

실제적인 역할은 무엇이었습니까?

정중부   나는 불만이 쌓여 폭발하기 직전이었던 무신과 군인들의 감정을 다독이려고 노력했습니다. 하지만 워낙 이고와 이의방이 강경하기도 했지만 그들을 억제하기에는 무신들의 불만이 너무 컸습니다.

김딴지 변호사   좀 전에 피고는 대의를 위해 '혁명'을 했다고 말했습니다. 그런데 피고는 원고 의종의 개인 저택과 거기에 있던 엄청난 재물을 이고, 이의민 등과 나눠 가졌습니다. 결국 혁명은 핑계에 불과하고 피고는 재물이 욕심났던 것이 아닙니까? 그런 당신들의 행동은 당신들이 부패했다고 비판한 국왕이나 문신들과 어떤 차이가 있습니까? 또한 목숨을 걸고 같이 혁명을 했다는 사람들이 얼마 지나지 않아 서로 죽고 죽이는 권력 쟁탈전을 벌였습니다. 이런 것이 당신들이 말하는 대의였습니까?

정중부   그, 그것은…….

이대로 변호사   판사님, 이의 있습니다. 원고 측 변호인은 자신에게 유리한 변론을 하기 위해 피고를 너무 몰아세우고 있습니다. 시정해 주시기 바랍니다.

판사   피고 측 변호인의 이의 제기를 기각합니다. 하지만 재판의 분위기를 새롭게 하기 위해 다른 증인의 이야기를 들어 보고 싶군요. 피고는 그만 내려가도 좋습니다.

무신 정변은
어떻게 전개되었을까?

이대로 변호사   판사님, 무신 정변을 계획하고 주동했던 이의방을
증인으로 신청합니다.

판사   좋습니다. 이의방은 앞으로 나와서 증인 선서를 하기 바랍
니다.

　이의방이 자리에서 일어나 앞으로 나왔다. 그 역시 정중부와 같이
우람한 체격을 가졌다. 그는 증인석에 서서 큰 목소리로 증인 선서
를 하고 자리에 앉았다.

이대로 변호사   증인은 무신 정변이 일어났을 때 직책이 무엇이었습
니까?

이의방　　　정8품 산원으로서 국왕을 보호하는 견룡 행수였습니다. 고려 시대에는 견룡군이 국왕을 보호하고 호위했는데, 내가 바로 그 견룡군의 우두머리였지요.

이대로 변호사　　　역사에서는 '무신 정변'을 '정중부의 난'이라고도 합니다. 그런데 사실 무신 정변을 계획하고 실행에 옮긴 주동자는 증인과 이고, 채원이지요. 증인은 왜 피고 정중부가 무신 정변의 주동자로 인식되었다고 생각합니까?

이의방　　　사실 나와 이고, 채원은 무신이었지만, 직책이 매우 낮았습니다. 때문에 많은 무신과 군인을 끌어모을 수 있는 높은 관직의 무신이 필요했습니다. 그 대상자가 바로 피고 정중부였던 셈입니다. 피고도 우리의 제의에 선뜻 응했기에 가능했던 일이지요.

이대로 변호사　　　그렇다면 정중부 피고인이 흔히 말하는 얼굴 마담이었다는 겁니까?

이의방　　　그렇지는 않습니다. 제의를 받은 피고 정중부도 적극적으로 정변에 참여했습니다.

이대로 변호사　　　어쨌든 증인은 정변을 주동했으니, 그 과정을 좀 자세히 말씀해 주시겠습니까?

이의방　　　1170년 2월에 의종 폐하가 왕실의 별장인 화평재(和平齋)에 행차했을 때 나와 이고가 상장군 정중부에게 거사에 동참해 줄 것을 요청했는데, 그의 동의를 얻어 낼 수 있었습니다. 그러나 상황이 여의치 않아 화평재에서는 정변을 일으키지 못했습니다. 그 뒤 8월 30일에 연복정(延福亭)에 가셨는데 이때 의종 폐하는 온갖 향락에 빠져 나랏일을 돌보지 않은 데다 승선(정3품) 임종식과 기거주(종5품) 한뢰 같은 문신들은 폐하의 신임을 믿고 무신들을 멸시하며 오만하게 굴어서 무신들의 노여움이 커졌습니다. 이때 피고 정중부가 우리에게 "이제는 우리가 거사할 만하다. 그러나 폐하가 바로 궁으로 돌아가면 참고 기다릴 것이고, 만약 보현원으로 옮겨 간다면 이 기회를 놓치지 말아야 할 것이야"라고 했습니다.

이대로 변호사　그래서 원고 의종은 궁궐로 돌아갔나요? 아니면 보현원으로 갔나요?

이의방　보현원으로 갔지요. 다음 날 의종 폐하는 보현원으로 향하던 중 오문 앞을 지날 때 신하들을 불러서 술을 따르게 했습니다. 술이 취하자 폐하께서는 무신들에게 오병수박희(五兵手搏戲)를 하라고 명령했지요. 아마 폐하께서 무신들의 불평을 알고 후하게 상품을 내려서 우리를 위로하려고 했던 것 같습니다. 그런데 저 한뢰라는 자가 무신들이 폐하의 총애를 받을까 봐 두려워서 시기하는 마음을 품었던 모양입니다. 그때 수박희를 했던 대장군 이소응이 젊은 사람과 겨루어 이기지 못하고 달아나자, 한뢰가 갑자기 앞으로 나가더니 대장군의 뺨을 쳐서 뜰 아래로 굴러 떨어뜨렸습니다. 이 광경을 보고 폐하도 여러 신하들과 함께 손뼉을 치면서 크게 웃었고, 옆에 있던 임종식과 이복기도 대장군을 꾸짖고 욕했습니다. 그때를 생각하면 지금도 치가 떨립니다.

오병수박희
무기를 사용하지 않고, 손과 발 또는 머리를 이용하여 상대를 제압하는 맨손 무예입니다.

이의방이 당시의 상황을 떠올리며 흥분하자 김딴지 변호사가 그 틈을 놓치지 않고 끼어들었다.

김딴지 변호사　판사님, 증인이 너무 흥분한 듯하니 원고 의종에게 직접 당시 상황을 들어 보고자 합니다.

이대로 변호사　아닙니다, 판사님. 아직 이의방 증인에게 신문할 것이 많이 남아 있습니다.

판사　그럼 우선 증인이 흥분을 가라앉힐 동안 원고에게 이야기를 듣고, 그 후에 다시 피고 측 변호인이 이의방 증인을 신문하는 걸로 하겠습니다.

김딴지 변호사　감사합니다, 판사님. 원고는 무신 정변의 피해자인 동시에 당시 사건 현장에 있었던 목격자이기도 합니다. 목격자의 한 사람으로서 당시 사건을 자세히 증언해 주기 바랍니다. 한뢰가 이소응의 뺨을 때린 이후 사건은 어떻게 되었습니까?

의종　문신인 한뢰가 이소응의 뺨을 때리자 순간 분위기가 싸해지더군요. 그리고 피고 정중부를 비롯한 무신들이 서로 눈짓을 주고받는 듯했습니다. 특히 정중부는 "대장군 이소응이 비록 무신이나 벼슬이 종3품인데, 어찌 모욕을 이다지도 심하게 주느냐"라고 소리를 높여 한뢰를 꾸짖으며 무섭게 달려들려고 했지요. 그래서 내가 사건을 수습하기 위해 정중부의 손을 잡으면서 위로하고 화해시켰습니다. 그런데 옆에 있던 이고가 칼을 빼면서 정중부에게 눈짓을 하지 뭡니까? 다행히 정중부가 이고를 말렸는지 무슨 일이 일어나

진 않았지만 그야말로 폭풍 전야였습니다.

김딴지 변호사 그럼 언제 무신들이 본격적으로 정변을 감행한 것입니까?

의종 ▶그날 날이 어두워질 무렵, 내가 가마를 타고 보현원에 도착했는데, 밖이 아주 시끄럽더군요. 알고 보니 내가 문 안으로 들어가고 여러 신하가 물러나려 할 즈음에 무신들이 일을 벌인 것이었습니다. 여러 문신들이 무신들에 의해 죽자 겁에 질린 한뢰는 친한 환관에게 부탁해서 몰래 나의 침상 아래로 숨었습니다. 나도 너무 놀라서 피고 정중부를 말렸는데, 이때 정중부가 "이번 일의 근원인 한뢰가 아직도 폐하 곁에 있으니, 내보내어 베기를 청합니다"라고 했습니다. 그래도 한뢰는 내 옷을 부여잡고 나오지 않았지요. 그러자 이고가 칼을 빼어 들고 위협하니까 할 수 없이 밖으로 나왔고, 그 즉시 죽여 버렸습니다.

김딴지 변호사 아니, 신하가 임금 앞에서 칼을 들었다는 것은 불경한 행위가 아닌가요?

의종 당연히 불경한 일이지요. 있을 수 없는 일입니다. 나의 무관인 김석재 또한 "감히 폐하 앞에서 칼을 꺼낸단 말인가"라고 이고에게 화를 냈지요. 하지만 이의방이 눈을 부릅뜨고 화를 내니, 김석재도 더는 말하지 못했습니다. 그다음에는 내 주변에 있던 문신과 대소 신료, 환관 들이 모조리 죽임을 당했습니다.

김딴지 변호사 그럼 당시에는 문신들만 죽임을 당했던

교과서에는

▶ 1170년, 의종이 개경 근처에 있는 보현원에서 놀이를 즐길 때 정중부와 이의방 등 무신들이 마침내 정변을 일으켰습니다. 무신들은 문신들을 제거한 후 정권을 차지했지요.

감히 임금 앞에서
칼을 빼다니 무엄하도다!

살려 주세요.

건가요?

의종　　아닙니다. 사건을 일으킨 무신들은 문관과 무관을
가리지 않고 마구 죽였습니다. 알고 보니 그들은 미리 '오
른쪽 어깨를 벗고서 머리에 쓴 복두를 버리는 것'을 암호
로 하고, 그러지 않는 자는 모조리 죽이자고 말을 맞춰 놓았더군요.
때문에 무신이라도 복두를 버리지 않은 자는 죽임을 당했지요.

김딴지 변호사　　주위 신하들이 모두 죽어 나가니, 정말 두렵고 놀

복두
신라 시대부터 조선 시대까지 과
거에 급제한 사람이 홍패(紅牌)라
는 합격 증서를 받을 때 쓰는 모자
를 복두라고 부르지요.

라셨겠습니다. 그때 그런 상황에 대처하기 위해 원고는 무엇을 했습니까?

의종　나는 우선 무신들의 마음을 풀어 줘야겠다고 생각했습니다. 그래서 여러 무신들에게 칼을 선물해 주는 등 많은 노력을 기울였지요. 하지만 내가 두려워하고 있다는 사실을 눈치챈 무신들은 점점 더 교만하고 난폭해졌고, 일은 걷잡을 수 없이 커졌습니다.

김딴지 변호사　존경하는 판사님, 그리고 배심원 여러분, 원고 의종의 말을 들으며 다들 놀라셨지요? 오늘 재판의 피고인 정중부를 비롯한 무신들은 잔인하기 짝이 없는 사람들이었습니다. 임금 앞에서 감히 칼을 빼드는가 하면 자신들과 한패가 아닌 사람은 문관과 무관을 가리지 않고 모두 죽였지요. 이런 무신들의 행위는 어떠한 이유로도 용서받을 수 없다고 생각합니다. 이상으로 증인 신문을 마치겠습니다.

의종이 당시의 상황을 자세히 묘사하자 방청객들이 웅성대기 시작했다.

"세상에, 정말 끔찍해."

"그러게. 어떻게 임금 앞에서 이런 일을 벌일 수가 있지?"

방청석의 분위기가 원고 측에 유리하게 돌아가자 이대로 변호사가 재빨리 자리에서 일어났다.

이대로 변호사　판사님, 원고에 대한 신문이 끝났으니, 증인 이의방

왜 무신 정변이 일어났을까?

을 다시 신문할 수 있도록 허락해 주십시오.

판사　허락합니다.

이대로 변호사　원고 의종의 말에 따르면 당시 여러 신하들이 죽임을 당했는데요, 그러면 당신들이 목표로 삼았던 김돈중은 어떻게 되었습니까?

이의방　거사가 진행되자마자 김돈중을 죽였어야 했는데, 이자가 우리의 거사를 눈치채고 난리 통에 도망쳤습니다. 약삭빠르게 일부러 취한 척하며 말에서 떨어져 도망을 친 것이지요. 이때 만약 김돈중이 도성으로 가서 태자의 명령을 받들어 성문을 굳게 닫고, 정변을 일으킨 자들을 잡으려고 했다면 일이 매우 위태로워졌겠지요. 그래서 우리는 걸음이 빠른 자를 시켜 김돈중을 정탐했는데, 그는 도성으로 들어가지 않고 경기도에 있는 감악산으로 도망갔더군요. 그래서 우리는 현상금을 걸었고, 곧 그의 하인이 그를 고발해서 잡을 수 있었지요. 김돈중이 도성으로 가지 않고 다른 곳으로 도망쳤다는 것은 우리에게 크나큰 행운이었습니다.

이대로 변호사　무신들은 보현원에서 거사를 단행한 후 도성으로 갔다고 들었습니다. 그러면 도성에 들어가서는 어떻게 했습니까?

이의방　피고 정중부와 무사 몇 명이 의종 폐하가 있는 보현원을 지키는 사이, 날쌔고 용맹한 자를 뽑아 곧장 개경으로 달려가게 했습니다. 우리 무신들은 개경에 당도한 후 바로 대궐로 들어가서 궐 안에 있던 관료들을 모조리 죽였습니다. 그때 문신 문극겸은 관청에서 숙직하다가 정변이 일어났음을 듣고 즉시 숨었으나 추적해 온 군

고육지책
적을 속이기 위해 자신의 괴로움을 돌보지 않고 쓰는 계책을 말합니다.

강안전
고려 시대 수도 개경의 궁궐에 있던 전각 이름으로 왕이 잠을 자던 곳입니다. 강안전의 원래 이름은 중광전이었다고 해요.

사에게 사로잡혔습니다. 문극겸이 그들에게 "나는 문극겸이다. 폐하께서 만일 내 말을 따르셨다면 어찌 오늘의 정변이 있었겠는가! 원컨대 예리한 칼로 내 목을 단숨에 베어라"고 했답니다. 군사들이 그의 강경한 태도를 보고 이상하게 여겨 결박하여 여러 장수들 앞으로 데려왔습니다. 장수들은 "우리가 평소에 이름을 듣던 자이니 죽이지 말라"며 그를 감옥에 가두었습니다.

이대로 변호사　정변이 일어난 후 원고 의종은 어떻게 되었습니까?

이의방　우리들의 거사를 가장 두려워한 것은 의종 폐하였습니다. 폐하는 임시방편으로 나와 이고를 승진시켰고, 무신들을 한 단계씩 승진시켰을 뿐만 아니라 나의 형을 정3품에 임명했습니다. 이런 조치는 우리의 불만을 누그러뜨리려는 폐하의 **고육지책**(苦肉之策)이었습니다. 도성에서 일이 어느 정도 진행된 뒤에 정중부가 폐하를 모시고 대궐로 돌아왔습니다.

이대로 변호사　무신들의 정변에 문신들이 반발하지는 않았습니까?

이의방　문신들의 반발이 없었을 리가 없지요. 거사 다음 날인 9월 1일 해 질 무렵에야 폐하께서 **강안전**(康安殿)으로 들어갔습니다. 이때 환관 왕광취가 동료들을 불러 모아 폐하를 호위하던 정중부를 치려고 했지만, 사전에 발각되고 말았습니다. 이에 정중부 등은 폐하의 행차를 따르던 내시와 환관을 찾아내어 그 자리에서 모두 죽였습니다.

이대로 변호사　결국 의종 폐하가 문제가 되었겠군요?

의종 폐하를 거제도로
추방해야겠어.

이의방　　그렇습니다. 폐하의 측근들을 모조리 죽이는 것도 한계가
있었습니다. 폐하도 주위에 있는 내시와 환관들이 모두 목숨을 잃는
것을 보고 이미 체념한 듯 술을 마시고 악관에게 음악을 연주하게 하
여 즐기다가 한밤중이 되어서야 비로소 침소에 들었습니다. 이때 이
고와 채원이 폐하를 시해하려고 했지만, 무신 양숙이 이를 말렸습니
다. 하지만 의종 폐하를 그대로 둔다는 것은 재앙의 불씨를 남겨 두
는 것이었기 때문에, 정중부가 폐하를 협박하여 폐하는 군기감으로,
태자는 영은관으로 거처를 옮기도록 했습니다. 그다음 날인 9월 2일
에 왕을 거제도로, 태자를 진도로 추방했으며, 후환을 없애기 위해

태손은 죽여 버렸습니다.

이대로 변호사　　이제 폐하를 추방했으니 살육이 끝난 것인가요?

이의방　　아닙니다. 정중부 등은 후환을 없애기 위해 살해된 문신들의 집을 철거하려고 했습니다. 그때 무신 진준이 이를 말리면서 "우리가 미워하고 원망하던 대상은 이복기, 한뢰 등 너덧 명에 불과했는데, 지금까지 무고한 사람을 너무 많이 죽였다. 만약 집까지 모두 철거해 버리면 그 처자들은 장차 어디에서 살란 말인가"라고 했습니다. 하지만 일을 안전하게 마무리하기 위해서는 후환을 없애야 했기 때문에 내가 나서서 군사를 풀어 죽임을 당한 자들의 집을 헐어 버렸습니다. 그 뒤로 무신들은 원한이 있으면 매번 그 집을 헐어 버렸지요.

이대로 변호사　　그런데 증인, 증인은 국왕의 측근에서 호위 업무를 담당했던 무신입니다. 그렇기 때문에 사람들은 무신들이 일으킨 정변이 혁명이 아니라 반란이라고 말하기도 합니다. 피고와 증인이 이 사건을 혁명이라고 주장하는 까닭은 무엇입니까?

이의방　　누누이 말씀드렸지만, 당시는 혁명을 하지 않으면 안 될 상황이었습니다. ▶12세기 초부터 농민들은 가난 때문에 토지를 버리고 떠돌기 시작했는데, 그 당시 떠돌던 농민들이 폭동을 일으키려고 했습니다. 중앙 정부의 과도한 세금과 지방 사회의 지배층에 의한 불법적인 수탈 때문이었지요. 물론 중앙 정부에서도 개혁을 하려고 했지만,

교과서에는

▶ 고려의 권세가들은 고리대를 통해 백성의 땅을 빼앗는 등의 방법으로 경제적 기반을 넓혀 나갔어요. 또 당시 고려는 여진 정벌을 구실로 백성들에게 세금을 많이 걷었지요. 이 때문에 많은 백성이 고향을 버리고 여기저기를 떠돌게 되었습니다.

국왕과 문신들의 개혁 정책이 소극적이었던 것이 사실입니다. 특히 문신들의 횡포는 날이 갈수록 심해졌는데, 의종 폐하에게도 그 책임이 있었습니다. 이러한 국왕과 문신들의 잘못을 바로잡기 위해 거사를 일으킨 것인데, 이것을 어찌 반란이라고 할 수 있겠습니까!

이대로 변호사   결국 무신 정변의 출발은 부패한 국왕과 문신들을 제거하려는 것이 목적이었군요. 존경하는 판사님, 그리고 배심원 여러분, 증인의 증언을 들으며 무신 정변의 과정에서 많은 사람이 죽었다는 사실에 놀라셨을 겁니다. 하지만 중요한 것은 무신들이 그럴 수밖에 없었던 이유입니다. 그들은 백성과 고려를 위하는 마음으로 부패한 문신들과 그리고 이를 개혁하지 않는 원고 의종을 가만히 보고만 있을 수 없었던 것입니다. 이 점을 꼭 기억해 주셨으면 합니다. 증인에 대한 신문은 여기까지 하겠습니다.

판사   원고 측 변호인, 반대 신문 하기 바랍니다.

김딴지 변호사   네, 판사님. 지금 이의방 증인이 무신 정변 과정을 세세하게 설명했는데, 당신들에 의해 죽임을 당한 사람들에게 미안한 감정은 없습니까?

이의방   그때 죽임을 당한 사람들에게 미안한 감정이 왜 없겠습니까? 하지만 우리의 행동은 대의를 위해서 어쩔 수 없었다고 생각합니다.

김딴지 변호사   지금 당신들의 행동을 대의라고 했는데, 만약 실패했다면 어떻게 하려고 했습니까?

이의방   만약 그렇게 되면, 나는 남해로 피신하거나 북녘 오랑캐에게 투항하려고 했습니다.

김딴지 변호사   북녘 오랑캐에게 투항하겠다는 것은 바로 반역 아닙니까?

이의방이 금방 대답을 하지 못하고 머뭇거렸다.

이속
각 관청의 관리들 밑에서 사무를 맡아보던 중인 신분의 아전입니다.

김딴지 변호사   대답을 하지 못하시는군요. 좋습니다. 그렇다면 이번 재판의 원고이자 당시 고려의 임금이었던 의종을 쫓아낸 후, 무신들은 그 사태를 어떻게 수습했습니까?

이의방   나와 정중부, 이고 등은 의종 폐하의 아우를 임금으로 추대했습니다. 그분이 고려 왕조 제19대 명종 폐하입니다. 폐하는 무신들에게 자격과 서열을 뛰어넘는 높은 관직을 주었지요.

김딴지 변호사   많은 문신을 죽인 결과, 무신들이 높은 관직에 올랐다는 말이군요. 무신 정변 때 죽은 자들이 몇 명 정도 됩니까?

이의방   우리가 문신들을 많이 죽이기는 했지만, 그렇다고 문신들을 모두 없앤 것은 아닙니다. 고려 문종 때 중앙 문관의 정원이 532명이고, 그 이속(吏屬)의 정원이 1,165명이었는데, 당시 살해된 문신은 대략 100명 정도였을 겁니다.

김딴지 변호사   당신들의 정변을 외국에도 알렸다고 들었는데요.

이의방   새로운 왕이 즉위했기 때문에 금나라에 이를 알려야 했습니다. 명종 폐하는 금나라에 자신이 고려 국왕이 되었음을 알렸고, 이전의 왕인 의종의 이름으로도 글을 올려 자신이 병으로 더 이상 나라를 다스릴 수 없어서 아우에게 왕위를 넘겨주었음을 알렸습니다. 이로써 드디어 무신의 시대가 열리게 되었고, 이를 역사에서는 '무신 정권'이라고 부릅니다.

김딴지 변호사   물론 당신들의 정변이 부정부패에 젖어 있던 문신 세력을 타도했다는 평가를 받는 것은 사실입니다. 하지만 당신들은 목적을 이루기 위해 문신들을 대량 학살했는데, 학살에는 정치적인 목적 이외에 감정적인 요소도 많이 작용했지요? 또한 정변 세력을 중심으로 한 무신들이 재물을 약탈한 것은 어떻게 설명할 수 있겠습니까?

이의방   우리들의 거사에는 부정부패를 없애고 새로운 시대를 열자는 **대의명분**이 있었습니다. 대의명분을 위해서는 문신 세력을 없앨 수밖에 없었어요. 물론 거사 과정에서 재물을 약탈한 것은 분명 잘못된 행동이었습니다. 하지만 우리의 약탈은 그전의 문신 세력에 비하면 아무것도 아니었습니다.

김딴지 변호사   지금 증인은 큰 도둑과 작은 도둑으로 나누어 비교하는데, 크든 작든 도둑이라는 점은 마찬가지입니다. 문제는 정변을 주도한 세력의 부정한 행동입니다. 피고 정중부와 증인을 포함한 정변 세력은 의종의 개인 재산을 비롯하여 학살당한 문신들의 집을 빼앗고 수많은 재물을 약탈하지 않았습니까? 이런 점에서 당신들의 거사라는 것이 그동안 쌓였던 울분에 대한 보복이 아니라고 어떻게 말할 수 있겠습니까?

김딴지 변호사가 집요하게 질문 공세를 펼치자 이의방은 입을 닫고 슬며시 눈을 감았다. 시간이 지체되자 판사가 개입했다.

판사   시간이 많이 지났으니 오늘 재판은 이쯤에서 마무리합시다. 원고와 피고, 그리고 양측 변호인 모두 수고하셨습니다. 오늘 재판에서는 무신 정변의 배경과 전개 과정을 살펴보았습니다. 다음 재판에서는 무신 정권이 세워진 후의 역사에 대해 알아보기로 합시다. 그럼 이상으로 첫 번째 재판을 마치겠습니다.

땅, 땅, 땅!

벽란도와 무역

무역이란 나라와 나라가 상품을 교환하는 것을 말합니다. 여기서 상품은 단순히 물건만을 의미하는 것이 아니라 기술, 노동력, 자본까지도 모두 포함하는 포괄적인 의미를 지니고 있지요. 우리는 무역 활동 덕분에 일상생활에서 많은 외국 상품을 접할 수 있습니다. 교통과 통신 수단이 발달하면서 세계 여러 나라와의 거래가 가능해진 것이지요.

무역에는 여러 가지 장단점이 있는데요. 우선 우리나라에 없는 물건이나 서비스, 자원, 기술 등을 다른 나라로부터 수입해서 사용할 수 있습니다. 그 덕분에 소비자는 질 좋고 다양한 제품을 선택할 기회를 얻게 되지요. 반면 국내에서 경쟁력을 갖추지 못한 산업이 외국에서 들어올 경우 국내 산업의 생산 기반이 무너질 수도 있습니다. 외국의 값싼 농산물이 우리 농업의 기반을 무너뜨리는 것이 그 예이지요.

이런 무역 활동은 오늘날에만 있었던 것이 아닙니다. 고려 시대 사람들도 활발하게 무역을 했지요. 고려 때에는 황해도 동남쪽에 있는 예성강 하구에 벽란도라는 항구가 있었는데요. 예성강은 수도와도 가깝고 수심도 깊어서 무역항이 되기 좋은 조건을 갖추고 있었습니다. 그래서 벽란도에는 가까운 송나라, 거란, 여진의 상인들뿐만 아니라 멀리 아라비아의 상인들도 찾아와서 고려와 무역을 했답니다.

다알지 기자

시청자 여러분, 안녕하세요. 역사공화국
법정 뉴스의 다알지 기자입니다. 지금 저는
무신 정변에 대한 재판을 벌이고 있는 한국사법정
앞에 나와 있습니다. 이번 재판은 무신 정변에서 죽임을 당한 원고 의
종과 한뢰, 김돈중, 그리고 무신 정변을 일으켰던 피고 정중부를 비롯
한 주요 세력들이 모두 등장한다는 사실 때문에 일찍부터 역사공화국
의 큰 관심거리였답니다. 그런 만큼 재판 첫째 날부터 무신 정변의 배
경과 과정에 대한 치열한 공방이 펼쳐졌습니다. 피고 측은 원고 의종
과 문신들이 고려를 제대로 다스리지 못했을 뿐만 아니라 무신들을 차
별했기 때문에 정변을 일으켰다고 주장했지요. 원고 측은 무신들이 정
변을 일으키며 많은 문신들을 죽였다는 점과 이후 의종과 문신들의 재
산을 차지했다는 점을 강조했지요. 그럼 오늘 재판의 피고인 정중부와
원고인 의종을 모시고 이야기를 들어 보겠습니다.

정중부

　　사실 처음에 병실에서 뉴스를 보다가 내가 소송을 당했다는 사실을 알았을 땐 정말이지 화가 났습니다. 이미 850여 년이나 지난 사건을 가지고 역사공화국에 와서까지 소송을 걸다니요. 하지만 이왕 이렇게 한국사법정까지 온 거, 우리 무신들이 일으킨 정변이 얼마나 정당한 것이었는지를 똑똑히 밝혀 주려고 단단히 마음을 먹었습니다. 내가 재판에서도 이야기했듯이 의종 폐하는 음주 가무에만 몰두하여 나라를 제대로 다스리지 않았어요. 그래서 백성들의 삶이 매우 힘들어졌지요. 게다가 무신들을 차별 대우를 했기 때문에 무신들의 불만이 점점 커졌답니다. 내가 그래도 명색이 상장군인데, 무신들의 불만을 해결해 줘야겠다는 생각이 들어서 이의방과 이고가 정변을 제안했을 때 수락한 겁니다. 그나저나 내 수염을 촛불로 그슬렸던 김돈중의 얼굴을 죽어서까지 봐야 하다니, 정말 화가 나는군요.

의종

　오늘 재판정에 서서 무신들이 보현원에서 정
변을 일으킨 순간을 증언하는데, 그때가 다시 떠올
라서 정말 끔찍했습니다. 그때 무신들은 문신과 무신을
가리지 않고 마구 죽였지요. 내 침상으로 숨어들었던 한뢰뿐만 아니라
미리 약속을 하지 않았던 무신들도 다 죽였답니다. 사실 한뢰가 대장
군 이소응의 뺨을 때린 건 좀 심했어요. 무신들이 화가 날 만도 했지요.
하지만 내가 이들을 화해시키려고 얼마나 노력했는데, 정변을 일으키
다니……. 거제도로 쫓겨나서도, 그리고 죽어서 이렇게 역사공화국에
와서도 억울하고 원통한 심정은 떨쳐버릴 수가 없습니다.

무신 정권, 권력 쟁탈의 수렁에 빠지다

1

이의방이
정권을 장악하다

무신 정변에 대한 재판 둘째 날. 피고 측과 원고 측은 한국사법정 한쪽에 각각 모여서 곧 시작될 재판에 대한 이야기를 하고 있었다. 피고 측은 자신들의 권력 쟁탈을 본격적으로 다룰 시간이 다가오면 서 다들 긴장한 표정이 역력했다. 이런 침묵을 먼저 깬 것은 이의민 이었다.

이의민 　아, 왜들 꿀 먹은 벙어리입니까? 우리의 거사가 혁명이었 다고 자부한다면 그대로 밀어붙여야지요. 왜 정중부 형님은 자꾸 발 뺌만 하려고 합니까?

정중부 　뭐야, 이놈아! 내가 언제 발뺌을 해?

이의민 　형님은 무신 정변의 얼굴 마담이라고 하면서 모든 책임을 이고, 이의방 형님에게 전가하지 않았습니까? 그냥 형님이 최고 지휘관이었고, 정변의 우두머리였다고 하면 깨끗하고 좋아 보이잖아요.

정중부　뭐가 깨끗하고 좋아 보여? 말이야, 바른말이지 너희들이 먼저 제의했고, 정권도 먼저 차지했잖아.

이의민　저는 제일 뒤에 무신 정권을 차지했습니다. 이고 형님이 제일 먼저지.

이고　뭐야! 어이, 의민이. 지금 나를 약 올리는 거야? 나는 제대로 해 보지도 못하고 이의방한테 죽임을 당했어. 똑바로 알아!

이의방　왜들 이래? 우리끼리 이렇게 분열되면 우리는 감정적으로 정변을 일으킨, 지난날의 문신들과 똑같이 탐욕스런 무리로 취급될 뿐이야. 다들 입조심해!

　　이의방의 말 한마디에 피고 측에는 침묵이 흘렀다. 한편, 원고 측은 피고 측이 내세운 무신 정변의 대의명분이 김딴지 변호사의 집요한 질문으로 의미를 잃었다고 생각하며 들떠 있었다.

의종　김딴지 변호사, 수고했어요. 앞으로도 계속해서 우리가 억울하게 죽임을 당했다는 것을 부각시켜 주시오.

한뢰　그래도 저들을 다시 보니까, 정말 오싹하던데요.

김돈중　한뢰, 당신이 그때 이소응의 뺨만 때리지 않았어도 오늘과 같은 일은 없었을 거야. 오싹하긴 뭐가 오싹해? 당신은 죽을 만했지.

한뢰　뭐요? 그럼 김 공이 정중부의 수염을 그슬린 것은 아무런 연관이 없단 말이오?

의종　지금 뭐하는 행동들인가! 이번 재판을 통해서 우리의 명예를 회복해야 하니 다들 정신 똑바로 챙기시오. 참, 옛날이 그리워지는군.

　그때 재판정의 문이 열리고 검은 법복을 입은 판사가 들어왔다. 판사의 등장에 원고 측과 피고 측은 물론 방청석도 모두 조용해졌다.

판사　지금부터 두 번째 재판을 시작하겠습니다. 오늘 재판에서는 무신 정권이 세워진 후의 역사에 대해 본격적으로 살펴보겠습니다. 이번 재판의 피고인 정중부, 피고 측 증인인 이고, 이의방, 이의민 등은 무신 정변을 성공시킨 이후 서로 정권을 차지하기 위해 다툼을 벌였습니다. 따라서 신문을 효율적으로 진행하기 위해 이번 재판에서는 피고와 피고 측 증인들을 한꺼번에 신문하도록 하겠습니다. 그래야 무신 정변 이후의 역사를 보다 정확하게 파악할 수 있을 듯합니다. 양측 변호인, 이 방식에 다른 의견이 있습니까?

양측 변호인　없습니다.

판사　좋습니다. 그러면 피고 정중부와 증인 이고, 이의방, 이의민은 모두 앞으로 나와 주십시오. 그럼 먼저 피고 측 변호인, 신문해 주시지요.

김딴지 변호사　판사님, 저도 함께 신문하고 싶습니다. 피고 측 변호인인 이대로 변호사와 제가 함께 신문을 한다면 보다 공정한 재판

이 될 것으로 예상됩니다.

판사　　김딴지 변호사의 말에 일리가 있다고 봅니다. 그럼 피고와 피고 측 증인들을 두 변호사가 함께 신문하기로 하겠습니다.

　　판사의 말에 정중부, 이고, 이의방, 이의민이 모두 재판정 앞으로 나왔다. 넷은 담담한 표정으로 선서를 하고 자리에 앉았다. 김딴지 변호사가 질문할 것들을 정리하고 있는 사이 이대로 변호사가 먼저 이들에게 다가가 질문을 던졌다.

이대로 변호사　　피고 정중부와 증인 이고, 이의방은 무신 정변 당시 모두 동지였지요?

정중부 이고 이의방　　네.

이대로 변호사　　▶세 사람은 함께 정변을 일으켰지만, 그 이후에는 사이가 썩 좋지 않았습니다. 증인 이고는 1171년(명종 1)에 증인 이의방에 의해 죽임을 당했는데요. 먼저 증인 이고에게 묻겠습니다. 이고는 이의방에게 피살당한 것이 사실입니까?

이고　　사실입니다. 목숨을 걸고 혁명을 했지만, 결국 나는 이의방에 의해 억울하게 죽임을 당했습니다.

이의방　　뭐야? 너는 나에게 억울하게 죽은 것이 아니야. 네 욕심이 화를 부른 거지.

이고　　내가 무슨 욕심을 냈다는 거야?

이대로 변호사　　싸우지들 마시고 제가 묻는 질문에만 대

교과서에는

▶ 무신 정변에 성공한 이후 무신들 사이에는 내분이 일어났습니다. 이고를 죽인 이의방이 정권을 차지한 후에도 최고 집권자는 계속 바뀌었지요. 정중부, 경대승, 이의민, 최충헌이 차례로 권력을 차지하며 100여 년간의 무신 정권 시대를 열었습니다.

답하기 바랍니다. 증인 이고는 정변이 성공한 이후에 꽤
출세했지요?

이고   그렇습니다. 나는 혁명이 일어나기 전에는 지위가
낮은 무신이었지만, 혁명에 성공하고 명종 폐하가 즉위한
직후에는 대장군에 임명된 것은 물론, 문반의 관직도 겸하
게 되었지요. 이렇게 문무반의 고위 관직을 모두 차지하면서 이의방
과 함께 최고 집정자가 되었습니다. 또한 영광스럽게도 정중부, 이
의방과 함께 **벽상공신(壁上功臣)**이 되어 나의 초상이 전각에 붙여지

에헴, 이 몸이 바로
벽상공신이라고,
하하하!

이대로 변호사　　문신 우위의 시대에서 무신 우위의 시대가 열린 셈이군요. 이런 시기에 왜 권력 쟁탈이 벌이진 것입니까?

이의방　　그건 나, 이의방이 말씀드리지요. 이고의 욕심이 과했습니다. 높은 관직을 받아 부귀영화를 보장받았으면 거기에서 멈춰야 하는데, 이 사람은 드러내 놓고 나를 압박했습니다. 물론 처음에는 나와 함께 나랏일을 보면서 무신 정권을 안정시키기 위해 노력했지요. 명종이 즉위한 1171년에 우리와 함께 거사를 일으킨 일부 무신들이 조정의 대신과 선량한 관리들을 마구 죽인 적이 있었습니다. 처음에는 그러면 안 된다고 잘 타일렀지만 그들은 듣지 않았어요. 그래서 무신들의 기강을 세우기 위해 어쩔 수 없이 이고와 그 무리들을 모두 잡아들여서 귀양을 보내거나 죽였습니다.

이대로 변호사　　그런데 함께 일을 해나가다가 왜 사이가 틀어진 겁니까?

이의방　　거사 성공 뒤 권력의 맛을 알았는지, 아니면 자신감을 얻었는지 이고는 정권을 독점하기 위해 은밀히 계략을 짰을 뿐만 아니라, 심지어 가짜 조정(朝廷)까지 꾸며 놓았습니다. 태자의 관례를 행하는 날에 마침 이고가 연회의 선화사(宣花使)가 되었는데, 그날 이고는 정변을 일으키려고 했습니다. 그러나 이 계획은 이고의 부하가 나에게 밀고하는 바람에 들통이 났고, 그래서 내가 이고를 죽인 것

조정
국가의 정치를 의논하고 집행하던 곳을 조정이라고 합니다.

관례
예전에는 남자가 성년이 되면 어른이 된다는 의미로 상투를 틀고 갓을 썼는데, 이를 관례라고 해요.

선화사
선화사는 고려 시대에 궁중 의례를 담당하던 관리 명칭의 일종입니다.

입니다.

이고   그럼 이의방 당신은 욕심이 없었습니까? 물론 내가 조금 더 욕심을 냈던 것은 사실이지만, 이의방은 내가 죽은 뒤에 나보다 더 횡포를 부렸습니다.

김딴지 변호사   그런데 이고만 죽이면 되었지, 그 부모까지 해친 이유는 무엇입니까?

이고   맞아. 나를 미워하여 죽였으면 됐지, 왜 내 부모까지 죽인 겁니까?

이의방   후환을 없애기 위해서는 어쩔 수 없었습니다. 이고를 죽인 다음 군대를 풀어서 그의 어머니와 나머지 세력을 잡아들여 모두 죽였습니다. 그러나 이고의 아버지는 평소 못나고 어리석은 이고를 자식으로 취급하지 않았기 때문에 죽이지 않고 귀양을 보냈습니다.

김딴지 변호사   증인 이의방은 이고를 죽일 때 채원의 도움을 받았다고 들었습니다. 그런데 왜 채원마저 죽인 것입니까?

이의방   채원도 이고처럼 욕심을 부렸습니다. 이고를 죽인 그다음 달에 채원이 조정 대신들을 죽일 음모를 꾸몄고, 그 일을 내가 알게 되었습니다. 그래서 할 수 없이 채원과 그와 관련된 사람들을 모조리 잡아 죽였습니다.

김딴지 변호사   이제 바야흐로 이의방 증인의 세상이 되었겠습니다.

이대로 변호사   판사님, 원고 측 변호인은 지금 증인에게 모욕을 주고 있습니다. 그런 언사는 삼가해 주었으면 합니다. 지금은 개인적인 문제보다는 역사적인 심판을 하고 있는 자리입니다.

판사 인정합니다. 사건에만 치중해 주기 바랍니다.

김딴지 변호사 예, 주의하겠습니다. 그러나 저의 신문을 개인적인 문제로 보는 것은 이대로 변호사의 편협한 시각이라고 생각합니다. 문신과 무신의 차별로 인해 어쩔 수 없이 무신 정변이 일어났다고 칩시다. 하지만 피고 측인 정변 세력은 이후 권력을 독점하기 위해 서로를 속이고 죽였습니다. 특히 증인 이의방의 행동은 우리가 생각하는 것 이상으로 잘못된 점이 많았습니다. 김보당의 반란 때는 더욱 심했지요. 이의방 증인, 김보당의 반란은 왜 일어났습니까?

이의방 김보당은 문신이었지만 의종 폐하가 고려를 다스릴 때 정치 상황에 비판적이었기 때문에 살아남을 수 있었습니다. 그런데 그는 자꾸만 무신 정권을 비판했습니다. 특히 관료를 임명하는 문제를 두고 나의 형 이준의와 마찰이 생겼어요. 1171년 9월에 김보당이 관직 임명에 불만을 품고 폐하께 이 일을 고했다가 밉보여, 오히려 좌천당하고 말았지요. 중앙의 정치 무대에서 밀려나게 된 김보당은 명종 폐하와 무신 세력에 대한 반감을 갖게 되었지요.

이대로 변호사 문신인 김보당이 무신 정변에서 살아남았고, 벼슬까지 받았으면 큰 은혜를 입은 것인데, 그런 자가 정변을 일으킨 겁니까?

이의방 그렇습니다. ▶김보당은 1173년(명종 3)에 중앙에서 밀려난 것에 불만을 품고 군사를 일으켰습니다. 그는 무신 정권의 권력자였던 피고 정중부와 나를 몰아내고 의종 폐하를 다시 세우고자 했지요. 1170년 경인년에 일어났

왜 무신 정변이 일어났을까?

던 저희들의 거사에 불만을 품은 최대의 정변이 일어난 것입니다. 그래서 우리 또한 군사를 보내 김보당을 체포하는 한편, 김보당과 함께한 반란군을 완전히 진압했습니다. 그런데 김보당이 죽을 때 자신들의 정변에 모든 문신이 가담했다고 거짓 증언을 하는 바람에 또다시 많은 문신들이 죽음을 맞게 되었습니다.

김딴지 변호사   그런데 피고 측인 무신 세력은 김보당과 문신들을 죽인 것도 모자라 원고인 의종을 시해하기까지 했습니다. 그 이유가 무엇입니까?

이의방   나는 의종 폐하를 시해할 생각이 전혀 없었습니다. 그런데 저 멍청한 이의민이 과도한 충성심을 발휘한 것이지요.

김딴지 변호사   이의민 증인, 사실입니까?

이의민   충성심은 무슨 충성심입니까? 이의방은 내게 말로 하지는 않았지만 그런 눈치를 충분히 주었어요. 그리고 의종 폐하가 살아 계시는 한 우리에게 반감을 가진 자들이 언제든 정변을 일으킬 수 있다는 것은 삼척동자도 다 아는 사실이었습니다. 나는 명령을 받고 움직이는 일개 장군에 불과했는데, 어떻게 독단적으로 의종 폐하를 시해했겠습니까?

김딴지 변호사   그럼 피고 정중부에게 묻겠습니다. 피고가 원고를 죽이라고 명령했습니까?

정중부   무슨 헛소리를 하는 겁니까? 나는 결단코 그런 명령을 내린 적이 없습니다. 무장은 현장에서 상황에 따라 스스로 결정을 내

시해
부모나 임금을 죽이는 것을 말하지요.

삼척동자
키가 석 자 정도밖에 되지 않는 어린아이라는 말로, 아직 세상 물정을 모르는 철없는 어린아이를 가리키기도 하고, 무식한 사람을 비유적으로 이르는 말이기도 합니다.

리기 마련입니다. 아마도 이의민은 우리에 대한 충성심이 지나쳐서
독단적으로 그런 일을 저지른 것이라고 생각합니다.

김딴지 변호사   장군의 명령도 없었는데 이의민이 자기 마음대로
군주를 시해했단 말입니까? 이러다간 이의민 증인이 원고 의종을
죽인 주범으로 몰리겠는데요.

이대로 변호사   판사님, 지금 김딴지 변호인은 이의민 증인을 지나
치게 궁지로 몰고 있습니다. 시정해 주십시오.

김딴지 변호사   판사님, 원고 의종의 시해 사건은 무신 정권 내내

문제가 되었던 중요한 사건입니다. 이는 훗날 경대승과 최충헌이 각각 정중부 정권과 이의민 정권을 무너뜨리는 명분으로도 작용했으니까요.

판사 피고 측의 이의 신청을 기각합니다. 원고 측 변호인은 계속하기 바랍니다.

김딴지 변호사 이의민 증인, 원고 의종의 시해 과정을 자세하게 설명해 주기 바랍니다.

이의민 당시 의종 폐하는 경주에 있었습니다. 저희 일행이 경주에 이르렀더니 의종 폐하가 머물던 마을 사람이 길을 막고 이렇게 말하더군요. "지금 전왕인 의종이 이곳에 온 것은 고을 사람들의 뜻이 아닙니다. 잠시만 여유를 주시면 저희가 돌아가 처리하겠으니 저희에게 벌을 내리지 말아 주십시오." 그 사람은 고을 안으로 들어가서 밤에 의종 폐하가 머무는 곳을 공격하여 수백 명을 죽이고, 의종 폐하를 감금했습니다. 그리고 10월 초하루에 우리에게 의종 폐하를 넘겨주었지요.

김딴지 변호사 증인은 원고를 넘겨받은 후 바로 시해했습니까?

이의민 아닙니다. 폐하를 시해하기까지 정말 많은 고민을 했습니다. 나같이 하찮은 사람이 출세할 수 있었던 것은 의종 폐하의 지극한 총애가 있었기에 가능한 일이었습니다. 그 은혜를 몰라서가 아니라 거사를 마무리하기 위해서는 내가 의종 폐하를 시해할 수밖에 없었습니다.

김딴지 변호사 이의민 증인, 증인에게 원고 의종을 시해하라고 명령한 사람이 진정 누구였습니까?

이의민　　나는 명령에 따라 행동하는 장군입니다. 위에서 명령을 받지 않았다면 내가 어떻게 독단적으로 그런 엄청난 일을 저질렀겠습니까? 나는 억울합니다.

김딴지 변호사　　피고 정중부와 증인 이의방에게 묻겠습니다. 두 분이 명령한 것이 사실이지요?

이의방　　나는 아닙니다.

정중부　　나 역시 아닙니다.

　　왜 무신 정변이 일어났을까?

정중부 정권이 세워지다

김딴지 변호사　대의명분으로 거사를 했다는 사람들이 중요한 부분에서는 사실을 부인하는 치졸함을 보이는군요. 이 부분은 현명하신 판사님이 올바른 판단을 내려 주시리라 생각합니다. 이번에는 이의방 증인에게 묻겠습니다. 증인이 피고 정중부에게 죽임을 당한 것이 사실입니까?

이의방　네, 그렇습니다. 김보당이 반란을 일으킨 그다음 해에 조위총이라는 문신이 또다시 반란을 일으켰습니다. 그들은 먼저 전국에 있는 여러 성에 나와 정중부 등 무신들이 이 지역을 정벌하고자 군사를 보냈다는 거짓 편지를 보냈습니다. 이 거짓말에 속은 40여 개의 성들이 힘을 합해 군대를 일으켰지요. 처음에 이들은 힘찬 기세로 관군을 물리치고 곧바로 개경을 공격했습니다. 그래서 내가 직접 군대를 이끌고 나가 승리를 거두었지요. 하지만 패잔병들이 대동강 연안의 성으로 들어가 우리에게 저항했습니다. 나도 급하게 그들을 공격하다가 패배하기도 했지요. 그런데 군대를 출동시키는 혼란 중에 정중부의 아들, 정균의 명령을 받은 승려 종참의 급습으로 나는 죽고 말았습니다.

김딴지 변호사　　정변의 동지였던 정중부 세력이 증인을 배반한 것이군요?

이의방　　그렇습니다.

김딴지 변호사　　정중부 피고인, 피고는 왜 이의방을 제거했습니까?

정중부　　이의방은 정변에 성공한 후 수많은 나쁜 짓을 저질렀습니다. 그는 술 마시고 노는 데만 정신이 팔려 있었지요. 또 많은 승려들을 죽이고, 절을 허물고 불사르며 재물을 약탈하기도 했습니다. 원래 불교계는 무신들보다는 왕실, 문신과 더 돈독한 관계를 맺어 왔는데, 이의방 때문에 무신 정권과 불교계의 대립이 더욱 심해졌지요.

김딴지 변호사　　그렇다고 어떻게 동지를 죽일 수 있습니까? 제가 볼 때는 피고가 정권을 혼자 독차지하기 위해 이의방을 죽인 것 같은데요. 아닙니까?

정중부　　그렇지 않습니다. 그때 이의방은 나쁜 짓을 너무 많이 해서 그의 형조차 그를 꾸짖을 지경이었습니다. 하지만 나는 달랐습니다. 나는 무신 정변에 참여했지만 저들과 다르게 온건한 입장을 가지고 있었습니다. 저들은 무자비하게 권력을 휘둘렀고, 그 결과 사회적으로 불만이 높아져서 정권의 운명 자체가 위협을 받았습니다.

이의방을 제거하고
내가 정권을
장악해야겠군.

이대로 변호사　　그럼 피고가 정권을 장악한 이후에는 고려 사회가
안정되었겠군요.

정중부　　맞습니다. 역시 이대로 변호사는 역사를 잘 알고 있군요.
내가 집권하면서 그동안 이의방의 무력에 눌려 지냈던 상급 무신들
이 정치에 참여할 수 있었으며, 문신들과의 관계도 다소 원만해졌

궤장

통일 신라 때부터 조선 시대까지 왕이 70세 이상의 나이 많고 학문이 높으며 덕이 많은 신하에게 주는 몸을 기대는 방석과 지팡이를 말합니다.

습니다. 고려 사회가 안정된 후 나는 나이도 많고 하여 관직에서 물러나려 했지만 영광스럽게도 명종 폐하께 궤장(几杖)을 받았습니다. 그래서 계속해서 나랏일을 보면서 이듬해 1176년(명종 6)에 조위총의 반란도 평정할 수 있었습니다.

김딴지 변호사　피고가 조위총의 반란을 진압한 것은 정권의 안정을 위해 바람직한 일이었다는 걸 인정합니다. 하지만 피고가 집권한 시기에 고려 사회가 안정되었다고 말할 수 있을까요? 피고가 집권한 시기에도 남부 지역에서 대대적인 민란이 발생하지 않았습니까?

정중부　뭐, 작은 반란이 있긴 했습니다. 1176년(명종 6) 정월에 공주에 소속된 명학소에서 망이·망소이 등의 부곡민들이 반란을 일으켜 주현인 공주를 공격해 함락하기도 했습니다. 하지만 이 반란은 1년 만에 진압되었습니다.

교과서에는

▶ 고려 시대에는 일반적인 행정 단위인 5도와 군사적인 특수 지역인 양계가 있었습니다. 도에는 주, 군, 현이 설치되어 중앙에서 지방관이 파견되었어요. 하지만 향·소·부곡과 같은 특수 행정 구역에는 지방관이 파견되지 않았습니다. 그중 소에서는 금, 은, 철, 구리, 각종 옷감, 종이 등을 생산하여 국가에 공물로 납부했어요.

김딴지 변호사　명학소민들이 저항을 일으킨 원인이 있었지요? 중앙 권력 세력의 수탈이 반란의 원인이 되지 않았습니까? ▶당시 서북면 지역에서 일어난 정변에 대처하기 위해서는 많은 무기가 필요했고, 이런 물품을 생산하는 명학소 등 부곡 지역의 부담이 가중되었겠지요. 특히 집권 세력과 지방관의 수탈, 그리고 무신 정권의 폐단이 주요 원인이 아니었습니까?

정중부　국가를 운영하다 보면 어려운 상황이 있을 수 있고, 그렇기 때문에 불만을 품는 자가 나오는 것은 늘 있

어 온 일입니다. 또한 왕조에 반발하는 자들을 진압하기
위해 공권력을 행사하는 것도 당연한 일입니다.

김딴지 변호사   지금 공권력이라고 했는데, 피고 측의 권력 행사가 정당했다는 말입니까? 당시 사회 분위기를 보면, 정권에 대한 불만이 엄청 높았다고 『고려사』에도 기록되어 있습니다. 심지어 그해 8월에는 "정중부와 그 아들 정균, 사위 송유인이 권력을 희롱하면서 방자하게 횡포한 짓을 하고 있다. 남적(명학소)이 일어난 근원도 여기에 있다. 만약 지금 군사를 동원하여 적을 토벌하려면 반드시 먼저 이들을 제거한 후에야 가능할 것이다"라는 **익명**의 방이 붙기도 했습니다. 이에 대해서는 어떻게 생각하십니까?

정중부   물론 그런 익명의 방이 붙었던 것은 사실입니다. 그래서 내가 아들 정균의 관직을 박탈했습니다.

김딴지 변호사   피고가 직접 박탈한 것이 아니라 정균이 겁이 나서 스스로 사직하고 여러 날 출근하지 않은 것 아닙니까? 그리고 사실 불만의 대상은 정균 한 명만이 아니었습니다. 정중부 피고인과 사위 송유인도 있지 않았습니까?

이대로 변호사   김 변호사! 좀 전에 피고가 말했듯이 정권을 운영하다 보면 별별 일이 다 일어납니다. 어쨌든 명학소의 반란은 진압되었고, 피고는 그 이후 지방 사회를 안정시키기 위해 개혁을 단행했습니다. 중요한 건 바로 이런 사실 아닐까요?

정중부   맞습니다. 무신 정변 이후 중앙의 권력 이동이 잦아져서, 결국 고려 전체가 불안했던 것이 사실입니다. 그래서 나는 지방 사

찰방사

고려 시대, 지방에 파견되어 백
성의 어려움을 살피고, 지방관
의 비리를 규찰하는 임무를 맡
았던 관리입니다.

회를 안정시키기 위해 1178년(명종 8) 정월에 전국적으로 **찰방사**를 파견했습니다. 일을 제대로 하지 못하는 지방관들을 대거 퇴출시켜서 지방관과 지역 세력의 폐단을 고치고, 혼란을 안정시키려고 했습니다. 물론 내가 경대승에게 제거되는 바람에 이 정책이 실패하긴 했지만요.

김딴지 변호사   찰방사를 파견한 목적이 정말 지방 사회를 안정시키기 위해서였나요? 지방에 대한 지배력을 강화하고 수탈을 손쉽게 하기 위한 조치가 아니었습니까?

이대로 변호사   이의 있습니다. 원고 측 변호인은 모든 일을 부정적으로만 보려고 합니다. 하지만 딴죽을 거는 것도 정도가 있습니다. 국가 정책은 사람에 따라 좋게도 혹은 나쁘게도 받아들여질 수 있습니다. 정중부 정권에서 전국에 찰방사를 파견하여 전체 관료의 약 5분의 1에 해당하는 800여 명의 관료를 퇴출시켰다는 것은 대단한 정책적 결단이었습니다. 그런 점은 인정해야지요.

김딴지 변호사   피고 측 변호인은 참 넓은 마음을 가졌군요. 국가 정책을 주도했던 사람이 공적인 국가 정책을 개인적인 이득을 위해 남용한다는 것은 있을 수 없습니다. 그러면 백성이 나라를 믿지 못하게 되고 결국에는 민란이 발생하게 됩니다. 피고와 피고의 가족은 전국에 재산이 많았지요?

정중부   재산이야 좀 있었습니다. 나는 무신 정권을 성공적으로 세운 이후 높은 관직에 올랐고, 또 반란을 진압하는 공을 세우기도 했어요. 이런 내가 어느 정도의 재산을 보유했다는 것은 당연하다고

생각합니다.

김딴지 변호사　　고위직을 지내신 분이니 재산이 많았겠지요. 제가 말씀드리고자 하는 것은 그 보유 과정에 비리가 있었다는 것입니다. ▶피고 정중부는 무신 정변 이후 원고 의종의 저택과 거기에 있던 많은 재물을 이고, 이의방 등과 나누어 차지했습니다. 또한 최고 직책인 시중이 되어서는 더 많은 땅을 차지하기 위해 욕심을 냈지요. 게다가 피고의 사위였던 송유인은 부귀와 사치가 왕실과 비길 만했다고 합니다. 제 말이 맞습니까?

정중부　　틀린 말은 아닙니다. 하지만 내 가족과 많은 부하들을 먹여 살리기 위해서는 어쩔 수 없었습니다.

김딴지 변호사　　어쩔 수 없었던 것이 아닐 텐데요. 피고는 무신 정변을 통해서 권력을 잡았기 때문에 많은 재산이 필요했을 것입니다. 지방의 농장 및 고리대와 상업도 재산을 불리는 데 이용되었던 것으로 알고 있습니다. 따라서 자신의 지배 기반을 확대하고 재산을 불리기 위해서는 지방의 지배 세력을 장악하는 것이 중요할 수밖에 없었다는 것입니다. 앞서 피고가 자신의 업적이라고 말한 찰방사 파견도 왕조의 공적인 권력을 개인적으로 남용한 것이 아닙니까?

정중부　　나는 하급 무신이었던 이고, 이의방 등 무신 정변 주동 세력에 비해 고위 무신이었고, 문신을 **숙청**하는 데에도 온건한 입장을 취했습니다. 또한 내가 정권을 장악한 이후에는 앞서 추진된 이고, 이의방 정권의 정책을 유지하려고 했습니다. 하지만 사회는 계속 혼란스러웠고, 특히 지방 사회를 안정시키는 것이 시급했습니다. 찰방사를 파견한 이유는 탐욕스러운 지방관을 탄핵하여 민심을 수습하고 중앙 정부의 지방 통제를 강화하기 위해서였습니다.

이대로 변호사　저도 원고 측 변호인에게 한마디 하지요. 조금 전 정중부 정권에서 단행한 정책을 권력 남용이라고 했는데, 이는 역사를 제대로 이해하지 못한 것이라고 생각합니다. 무신 정변이 일어나던 시점을 전후하여 고려의 지방 사회는 점점 불안해졌고, 지방 사회 폐단의 핵심은 지방관이었습니다. 당시 대다수의 지방관은 지역을 안정시키기보다는 부와 권력을 차지하는 데만 열심이었지요. 이 때문에 피고가 지방 곳곳에 찰방사를 파견했던 것입니다.

김딴지 변호사　개혁을 시도하려는 결단을 비판하는 것이 아닙니다. 찰방사 파견이 실제로 어떤 결과를 가져왔는지를 지적하는 것입니다. 정중부 정권에서도 중앙에서 권력을 독점하고 있었고, 또 이 권력을 유지하기 위해 많은 횡포를 부렸습니다. 개혁을 주도했던 사람 중 정중부의 사위인 송유인은 "상벌을 좌지우지하고, 관원을 떼고 붙이는 권한이 그의 입에 달려 있었다"는 말을 들을 정도로 인사권에 막강한 영향력을 행사했지요. 이런 사람들이 지방관을 숙청하는 일을 주도했으니, 당연히 지방관들과 지방 세력은 위기를 느꼈을 것입니다. 결국 지방 세력이 중앙 권력자에게 뇌물을 바치는 모순이 나타나게 되었지요.

원당
왕실이나 귀족이 세운 개인 불교
사원을 원당이라고 부릅니다.

정중부   물론 나라를 다스리다 보면 미처 예상하지 못한 상황이 발생할 수 있습니다. 나는 의종 폐하를 시해했다는 부담에서 벗어나고자 의종 폐하의 장례를 치른 후 **원당**을 세웠으며, 대외적으로는 금나라에 사신을 파견하여 외교적인 안정을 추구했습니다. 이는 국법 질서를 회복하여 왕조의 안정을 추구하기 위한 조처였습니다.

김딴지 변호사   그러나 그 후의 역사가 어떠했습니까? 정중부 세력을 중심으로 중앙 권력을 강화한 결과, 피고의 힘은 더 강해졌지만 중앙 세력끼리 서로를 견제하게 되어 지배층 내에 권력 쟁탈이 발생했습니다. 결국 피고와 피고의 사위 송유인은 경대승에 의해 제거되지 않았습니까? 피고는 무신 정변이 문무반의 차별과 갈등에서 벌어진 혁명적인 사건이라고 주장하지만, 이후 당신들의 행동을 보면 지난날 문신들과 별반 다르지 않습니다.

판사   무신 정권이 개혁 의지를 갖고 고려를 제대로 다스렸는지, 아니면 권력 쟁탈에만 몰두하여 이전의 지배층과 다른 점이 없었는지에 대해 양측이 팽팽하게 맞선 변론을 해 주었습니다. 그럼 이쯤에서 두 번째 재판을 마무리 짓도록 하지요. 오늘 재판은 피고와 피고 측 증인 위주로 이루어졌습니다. 다음 재판에서는 새로운 증인들을 통해 더 많은 이야기를 들어 보도록 하겠습니다.

    땅, 땅, 땅!

망이와 망소이가 살던 명학소는
어떤 곳이었을까?

망이와 망소이는 고려 시대 공주에 있던 명학소에 살던 형제입니다. 이들 형제는 1176년에 세금을 많이 걷는 것에 반발하여 반란을 일으켰지요. 그런데 이들이 살던 명학소는 일반적인 행정 구역과는 조금 달랐습니다. 고려 시대에는 향·소·부곡이라는 특수 행정 구역이 있었는데, 명학소도 그중 하나였지요. 고려는 향·소·부곡에 관리조차 파견하지 않았으면서도 향·소·부곡에 살던 백성은 일반 양민보다도 더 무거운 세금을 부담해야 했습니다. '소'에 살던 사람들은 농사를 짓는 것 이외에도 수공업을 통해 여러 가지 물건을 만들어야만 했지요. 종이, 소금, 도자기, 먹, 차 등 다양한 물건을 만들어 나라에 바쳤습니다. 두 가지 이상의 일을 하면서 세금은 더 부담하니 얼마나 살기 어려웠겠어요. 그러니 불만이 많았겠지요.

망이와 망소이도 바로 이런 '소'에 살던 형제인데, 이들이 반란을 일으키자 명종은 '명학소'를 '충순현'으로 바꾸어 이들을 달래기도 했지요. 하지만 얼마 지나지 않아 망이·망소이 세력은 다시 결집해 다시 중앙 정부와 대립했어요. 결국 반란은 진압당했고, '충순현'은 다시 '명학소'가 되었습니다.

다알지 기자

안녕하세요. 한시라도 빨리 시청자 여러분께 법정의 소식을 전하기 위해 늘 발로 뛰고 있는, 법정 뉴스의 다알지 기자입니다. 지금 한국사법정에서는 의종과 정중부의 두 번째 재판이 막 끝났습니다. 오늘 재판에서는 피고와 피고 측 증인들을 두 변호사가 한꺼번에 신문했는데요. 사실 피고 정중부와 증인으로 나온 이고, 이의방, 이의민은 서로 죽고 죽이는 관계에 있었습니다. 생전의 앙금이 아직 남아 있어서인지 재판 중간중간 피고 측끼리 신경전을 벌이기도 했습니다. 무신 정변에 성공한 이후 이의방이 이고를 죽이고 정권을 독차지했고, 그다음에는 정중부가 다시 이의방을 죽이고 정중부 정권을 세웠습니다. 그럼 오늘 재판에서 어떤 이야기들이 오갔는지 양측 변호인인 김딴지 변호사와 이대로 변호사를 모시고 들어 보겠습니다.

김딴지 변호사

아마 오늘 재판을 보신 분들이라면 무신 정변이 사실은 무신들의 권력 쟁탈전에 불과하다는 것을 확실히 느끼셨을 겁니다. 재판에서 증언한 피고 정중부와 이고, 이의방, 이의민은 무신 정변을 함께 일으키기는 했지만 이후 권력을 두고 싸우기만 했지요. 이의방은 이고를, 정중부는 이의방을 죽이고 정권을 잡았으니까요. 그리고 피고 정중부는 자신이 권력을 잡은 후 고려 사회가 안정되었다고 말했지만, 그건 사실과 다릅니다. 정중부가 집권할 당시에도 고려 곳곳에서 대대적인 반란이 일어났으니까요. 명학소에서 일어난 망이·망소이의 반란이 대표적이지 않습니까? 찰방사를 파견한 것도 지방을 더 쉽게 수탈하기 위해서였다니까요.

이대로 변호사

무신들끼리의 관계가 좋지만은 않았다는 사실은 인정합니다. 하지만 그렇다고 무신들이 정변을 일으킨 대의명분과 그들이 고려를 다스리며 행한 개혁을 제대로 평가하지 않아서는 곤란합니다. 당시 김보당이나 조위총 같은 문신들이 반란을 일으켰지만 무신 정권은 이를 잘 해결했습니다. 특히 피고 정중부는 무신 중에서도 온건한 입장을 가지고 있었지요. 그래서 정중부 정권에서는 문신들과의 관계도 좋아졌습니다. 또 정중부가 지방 곳곳에 파견한 찰방사는 그의 개혁 의지를 잘 보여 주는 사례라 할 수 있습니다. 찰방사의 파견으로 일은 제대로 하지 않고 백성 수탈에만 혈안이 돼 있던 지방관 800여 명을 쫓아낼 수 있었지요. 판사님과 배심원들께서 이런 점을 주목한다면 우리가 재판에서 이기는 것은 당연한 일이라고 봅니다.

불교를 믿은 고려의 유물

고려는 불교를 나라의 종교로 믿으며 지도 이념으로 삼았어요. 그래서 큰 사찰을 짓고, 연등회를 열고, 대장경을 만드는 등 불교와 관련된 행사를 하고 유물을 남겼답니다. 무신들이 정권을 잡은 무신 정변 때에도 이는 변하지 않았지요. 고려가 남긴 불교 유물을 다 함께 살펴볼까요?

대각국사 의천의 생애를 새긴 돌

대각국사는 고려 시대의 이름 높은 승려로 의천이라 불립니다. 고려의 11대 왕인 문종의 넷째 아들로 태어났으며 12대 왕인 순종과 13대 왕인 선종, 15대 왕인 숙종의 친동생이기도 하지요. 일찍이 불교에 뜻을 두고 출가한 의천은 천태종을 세운 인물이기도 해요. 사진 속 유물은 대각국사 의천의 생애를 새겨 놓은 돌로 불교를 숭상하는 뜻이 담겨 있답니다.

손으로 쓴 『화엄경』

불교 화엄종의 근본 경전을 『화엄경』이라고 하는데, 사진 속 유물은 고려 말인 14세기에 손으로 직접 써서 만들어진 『화엄경』이에요. 당시 고려는 불교를 나라의 종교로 삼았어요. 그래서 불경을 쓰는 것은 부처와 보살에게 복을 비는 정성의 표현이라고 생각했지요. 이 유물은 현재 보물 제1137호로 지정되어 있답니다.

불경 상자

고려 시대인 12세기에 만들어진 것으로 추정되는 이 유물은 불교 경전인 불경을 넣을 수 있는 상자예요. 뚜껑에 경첩이 달려 있어서 여닫기 편하게 되어 있지요. 길이는 10.3cm 정도로 금속으로 만들어져 있답니다. 상자의 앞면과 뒷면에는 오리와 학이 노는 모습이 양각되어 있어요.

법화경 그림과 화엄경 그림

당시 불교의 경전은 그 재료에 따라 먹으로 쓴 묵서경, 금으로 쓴 금자경, 은으로 쓴 은자경으로 나뉘었어요. 이 중 사진 속 유물인 법화경 그림(위)과 화엄경 그림(아래)은 모두 금으로 쓴 것에 해당하지요. 또한 경전의 첫머리에는 경전의 내용 중 핵심 내용을 간략하게 그린 것을 앞에 두었는데 사진 속 유물은 이에 해당한답니다. 단, 법화경 그림은 종이 위에 그린 것이고, 화엄경 그림은 쪽물을 이용하여 염색한 푸른 종이에 그린 차이가 있지요.

출처: 국립중앙박물관 도록

무신들의 야망,
꿈인가 욕망인가?

1

경대승 정권과
이의민 정권

무신 정변에 대한 세 번째 재판이 시작하길 기다리는 동안 원고 측과 피고 측은 모두 긴장한 얼굴로 재판정 안에 앉아 있었다. 피고 정중부와 피고 측 증인인 이고, 이의방은 약간 피곤해 보이기도 했지만, 오늘 모든 재판이 끝난다는 생각에 들떠 있는 얼굴이었다.

정중부　어이, 의민이! 우리 측 증인 중에서 이제 자네만 증언하면 되겠구먼. 잘하게. 오늘 자네가 잘해 주어야 무신 정권이 제대로 평가받을 수 있을 거야.

이고　맞는 말일세.

이의방　의민이, 괜한 헛소리하지 말고, 우리의 거사가 혁명적이었다는 점을 강조하게나.

이의민   아, 형님들! 지금까지 실컷 자신들의 정당성만 주장해 놓고 이제 와서 나더러 마무리를 잘하라는 것이 말이 됩니까? 나도 내가 내키는 대로 할 겁니다.

정중부   내키는 대로 한다는 말이 무슨 말인가?

이의민   나는 형님들과는 다릅니다. 나는 나름대로 무신 정권을 안정적으로 유지하려고 했습니다.

이의방   안정적으로 유지하려고 했다는 사람이 감히 왕이 되려는 망극한 꿈을 꾼 건가? 자네나 우리나 다를 게 뭐가 있어?

이의민   말이야, 바른말이지 형님들이 서로 죽이지만 않았다면 경대승이 감히 정권을 차지할 수 있었겠습니까? 경대승만 없었다면 내가 더 빨리 정권을 잡았을 것이고, 그렇게 되었다면 무신 정권은 더욱 안정되었을 겁니다.

정중부   그러면 내가 경대승에게 죽임을 당했을 때 자네는 뭐 했어? 경대승이 두려워 경주로 도망간 주제에…….

이의민   아, 형님. 지금 내 심사를 뒤틀어 놓으려고 작정했습니까? 내가 경주로 도망쳤다니요. 무슨 말씀을 그리하십니까?

이의방   자자, 왜들 이러십니까? 같은 동지끼리 서로 상처 주는 말싸움만 하면 제 얼굴에 침 뱉기지요. 어이, 의민이! 다들 자네를 걱정해서 하는 말이니까 이해하게.

한편 원고 측도 다음 재판에 대한 의논으로 분주했다.

의종　　김딴지 변호사, 정말 수고가 많소. 지금까지의 분위기로 봐선 무신 정변이 **쿠데타**였다는 사실이 증명되었다고 봅니다.

한뢰　　폐하, 김딴지 변호사의 능력이 정말 뛰어나지 않습니까.

김딴지 변호사　　아직 재판이 끝나지 않았습니다. 이제부터가 진짜 중요합니다. 이번 재판의 증인인 경대승은 무신 정변에 직접 참여하지 않았음에도 불구하고 정권을 잡았고, 이의민은 무신 정변을 주도하지 않았지만 행동대로서 중요한 역할을 했던 인물입니다. 이들에 대한 신문이 곧 재판 결과에 큰 영향을 줄 거라고 생각합니다.

의종　　왕조 사회에서 쿠데타로 인한 무신 정권의 성립은 있을 수 없는 일이지요. 이런 점을 계속해서 강조해 주고, 특히 노비 출신 이의민에 대해서는 왕이 되려는 꿈을 꿨다는 반역 문제를 적극 제기해 주기 바라오.

김딴지 변호사　　잘 알겠습니다.

그때 재판정 문이 열리며 판사가 들어왔다. 양측은 이야기를 멈추고 조용한 가운데 판사의 말을 기다렸다.

판사　　이제부터 세 번째 재판을 시작하겠습니다. 오늘 원고 측에서는 1179년에 피고 정중부를 죽이고 무신 정권의 최고 권력자가 된 경대승을 증인으로 신청했더군요. 증인 경대승은 증인석으로 나와 주세요.

건장한 사내 경대승이 증인석으로 나와 주위를 한 번 둘러보고는 담담한 표정으로 증인 선서를 하고 자리에 앉았다.

판사　　원고 측 변호인은 증인 신문을 시작하세요.

김딴지 변호사는 자리에서 일어나 판사에게 가볍게 인사를 하고 여유 있는 표정으로 경대승이 앉아 있는 증인석으로 다가갔다.

김딴지 변호사　　증인은 무신 정변에 참여했습니까?

경대승　　아닙니다. 그러나 나의 아버님인 경진은 무신 정변에 참여하셨지요.

김딴지 변호사　　증인의 아버님은 무신 정변에서 어떤 역할을 했습니까?

경대승　　아버님은 정중부와 마찬가지로 온건한 입장에서 무신 정변을 지지하셨고, 조위총의 반란을 진압하는 데 공을 세우셨습니다. 그리고 그 공로로 정2품 벼슬을 받았습니다.

김딴지 변호사　　증인의 아버님은 정중부 정권에서 많은 특혜를 누렸다던데, 그럼 증인은 정중부 정권에 충성해야 할 입장이 아닌가요?

경대승　　그렇게 생각할 수도 있습니다. 하지만 나는 아버님과는 달랐습니다. 나는 일찍부터 큰 뜻을 품었지요. 그래서 아버님이 불법으로 얻은 토지를 관청에 바쳐 청백하다는 평판을 받았습니다.

김딴지 변호사 청백하다는 평판을 받은 것과 아버지의 후광을 받아 출세한 것은 다르지 않습니까? 증인은 열다섯 살 때 음서로 처음 관직에 오른 뒤 차차 벼슬이 올라 장군까지 되었습니다. 이 또한 아버지의 후광을 입은 것 아닙니까? 어떻게 생각합니까?

경대승 내가 관직을 받은 배경에 아버님의 후광이 있었던 것은 사실입니다. 하지만 그 이후 나는 탐욕을 부린 적이 없었습니다. 그리고 내가 정중부 일당을 제거한 것은 그들의 불법적인 탐욕을 처결하고 새로운 질서를 세우기 위한 것이었습니다.

이대로 변호사 존경하는 판사님, 제게도 질문할 기회를 주십시오.

판사 피고 측 변호인의 신문을 허락합니다.

이대로 변호사 증인은 몇 살에 죽었지요?

경대승 나는 1154년(의종 8)에 태어나서 1183년(명종 13)에 죽었습니다.

이대로 변호사 그럼 정중부 일파를 제거한 것이 1179년(명종 9)이었으니까, 스물여섯 살이라는 젊은 나이에 경대승 정권을 세우는 최고의 영광을 누렸겠군요. 조금 전에 김딴지 변호사의 신문 과정에서 증인은 일찍이 큰 뜻을 품었다고 했는데, 그것이 은혜를 베푼 정중부 정권에 대한 배신이 아닙니까?

경대승 좀 전에도 말씀드렸듯이 내가 정중부 일당을 제거한 것은 그들의 만행 때문이었습니다.

이대로 변호사　과연 그것이 피고 정중부를 제거한 이유의 전부였을까요? 증인은 1178년(명종 8)에 청주 사람들 사이에 분쟁이 생겨 100여 명이 죽게 되자 박순필과 함께 사심관으로 파견되었으나 그 일을 해결하지 못해서 파면된 적이 있었습니다. 이에 대한 불만으로 정중부 일파를 제거한 것이 아닙니까?

경대승　자신의 실수 때문에 파면되었으면 그것을 받아들여야지요. 당시 나는 장군이었습니다. 장수가 명령을 충실히 이행하지 못하면 그에 대한 책임을 지는 것은 당연합니다. 나는 그런 것에 불만을 품는 소심한 사람은 아닙니다.

이대로 변호사　물론 증인은 대범한 분이라는 것을 잘 알고 있습니다. 스물여섯 살의 젊은 나이에 정권을 차지했다는 것만으로도 알 수 있지요. 그런데 증인의 거사를 뒤에서 부추긴 사람이 있었지요?

경대승　없습니다.

이대로 변호사　증인, 신성한 법정에서 거짓 증언을 하면 안 됩니다. 증인은 당시 명종 폐하의 지원을 받아서 정중부를 제거하고 정권을 장악하는 데 성공한 것 아닙니까?

경대승　자꾸 말을 되풀이하지만, 정중부 일파를 제거한 것은 그들의 폐단이 컸기 때문이었습니다. 거사 과정에서 명종 폐하의 지원을 받은 적은 없었습니다.

이대로 변호사　그러면 증인과 정중부 일파와 다른 점이 있습니까?

사심관
고려 시대에, 서울에 있으면서 고향의 일에 관여하던 벼슬아치를 이르는 말입니다. 각 지방의 호족 세력을 억제하고 중앙 집권을 이루기 위해 둔 것으로, 부호장 이하의 향직을 임명할 수 있었고 그 지방의 치안을 책임졌답니다.

승선

승선은 여러 관리가 왕에게 올리는 문서를 검토하여 전달하고, 또 왕명을 받아 하달하거나 왕명을 대변하는 역할을 담당했어요.

경대승　나는 욕심을 부리지 않았습니다. 거사가 성공한 이후 명종 폐하는 나에게 승선이라는 벼슬을 내리려고 했습니다. 하지만 나는 문자를 잘 알지 못한다는 핑계로 사양했습니다. 그리고 내가 비록 정중부 일당을 제거하고 정권을 잡았지만, 관리를 등용할 때는 문신과 무신을 고루 기용하려고 했습니다. 이로 인해 여러 무신들로부터 반감을 샀던 것은 사실입니다.

김딴지 변호사　판사님, 경대승은 원고 측 증인입니다. 제게 다시 증인을 신문할 기회를 주시기 바랍니다.

판사　허락합니다.

김딴지 변호사　지금 증인은 본인의 정책이 이전 무신 정권의 정책과 다르다고 답변했습니다. 그럼 그 차이는 무엇입니까?

경대승　무신 정변을 일으켰던 세력은 문신들의 횡포로 혼란스러워진 사회를 바로잡겠다고 했지만 결국 과거의 잘못된 정치를 되풀이했습니다. 나는 그런 점에 분개하여 정중부 일당을 제거했고, 문신과 무신의 차별을 극복하여 나라를 안정시키고자 노력했습니다.

김딴지 변호사　하지만 증인 또한 정치 권력을 독점하기 위해 정중부 일당을 제거하는 과정에서 증인을 도왔던 허승과 김광립 등을 제거했습니다. 그런데도 차이가 있다고 할 수 있습니까?

경대승　정치가 다 그런 거 아닙니까?

김딴지 변호사　그렇다면 국왕을 시해했던 이의민과 같은 정변의 주역도 처단했어야지요. 하지만 증인은 이의민은 가만히 두었지요?

경대승   나 역시 국왕을 시해한 이의민을 제거하고자 했습니다. 하지만 정중부 일당을 제거한 직후에 하급 무신들의 반발이 거셌기 때문에 기회를 놓쳤습니다. 게다가 약삭빠른 이의민이 자신의 고향인 경주로 피신해 버렸고요.

나는 내 고향으로 도망가야지.

독재 정치의 일종입니다. 경대
승은 염탐꾼을 시켜 마을과 거
리를 몰래 염탐하게 했어요. 그
러다가 우연히 뜬소문을 들으면
소문을 낸 사람을 잡아다가 신
문하여 여러 번 큰 형벌을 내렸
어요. 사람들은 염탐꾼에게 잡
힐까 봐 모두 긴장하고 살았답
니다.

김딴지 변호사　증인은 무신 정변에 참여하지 않았기 때문에 이를 만회하기 위해 공포 정치를 펼쳐서 중앙과 지방의 정적들에 대한 견제를 강화했지요. 특히 무신 세력을 계속 견제했던 것이 사실 아닙니까?

경대승　내가 무신 세력을 견제했다고 하지만, 사실 나도 무신이었습니다. 내가 처음부터 무신 정변에 참여하지 못했기 때문에 정적이 될 만한 무신들을 견제하며 나의 권력을 강화하려 했지만 그들을 완전히 배제하지는 못했습니다. 때문에 내가 권력을 장악한 이후에는 무신 세력의 권력이 어느 정도 위축되었지만 정치 운영에서는 여전히 무신들이 문신들보다 우위에 있었지요.

김딴지 변호사　증인은 정권을 장악한 후 사병 집단인 도방을 조직했습니다. 그 이유는 무엇입니까?

경대승　▶잘 아시다시피 나는 무신 정변의 주도 세력이 아니었기 때문에 기존의 지배 수단을 가지고는 내 뜻을 펼칠 수가 없었습니다. 이를 만회하기 위해 그때까지 최고 권력 기구였던 중방을 무력화시키고, 나의 사병 집단인 도방을 설치해 정권 유지의 기반으로 삼았습니다. 이런 사병 제도는 과거 정권에도 있었는데, 특히 최씨 정권 때 더욱 확대된 것으로 알고 있습니다.

이대로 변호사　판사님, 저도 증인에게 신문할 것이 있습니다. 저에게 신문할 기회를 다시 주시기 바랍니다.

교과서에는

▶ 무신들이 고려를 다스릴
때도 국왕은 존재했습니다.
하지만 무신 집권자가 중요
한 국가 정책을 모두 결정
했지요. 무신들은 중방, 교
정도감 같은 새로운 권력
기구를 만들어서 여러 정책
을 집행했습니다.

판사   좋습니다. 이제는 피고 측에서 증인을 신문하세요.

이대로 변호사   증인은 정중부 정권에 폐단이 많았기 때문에 피고 정중부를 제거했다고 주장합니다. 하지만 증인이 피고를 제거함으로써 그가 추진했던 개혁들이 모두 수포로 돌아갔다는 사실을 알고 있습니까?

경대승   그게 무슨 말입니까?

이대로 변호사   증인은 정권을 장악한 이후 권력을 강화하기 위해 무신 정변이 일어나기 이전, 즉 문신들이 폐단을 일으켰던 때로 되돌리는 정책을 폈습니다. 정중부 정권에서 대대적으로 숙청했던 지방관들을 **복권**시킨 것이 바로 그것이지요.

경대승   이 변호사는 지금 내가 과거의 잘못을 되풀이한 것처럼 말하는데, 그것은 사실과 다릅니다. 내가 정권을 잡았을 때 무신 세력의 기득권을 부정하려는 움직임이 있었고, 그 결과 무신 정변 이후 숨죽이고 있던 문신들이 어느 정도 다시 등장한 것은 사실입니다. 그러나 내가 시도하려고 했던 정책은 무신 정권 자체를 부정하려는 것은 아니었습니다. 나는 과거의 무신 정권에서 시행되었던 중앙 정치 운영의 틀을 그대로 유지했으니까요. 숙청된 지방관을 복권시킨 것은 일부에 불과합니다.

이대로 변호사   1178년(명종 8), 정중부 정권은 부패한 지방관을 대대적으로 숙청했습니다. 12세기 이래로 지방관과 이속들의 횡포에 많은 백성이 고통을 겪었고, 더 이상 견딜 수 없었던 자들은 고향을 떠나 떠돌아다녔지요. 그런데 증인이 형벌의 잘잘못을 따지지도 않

복권

법률상으로 일정한 자격이나 권리를 한 번 상실한 사람이 이를 다시 회복하는 것을 말합니다.

탐학
지나치게 욕심이 많고 잔인하고
난폭하다는 말입니다.

은 채 지방관들을 원래 자리로 되돌려 놓았다는 것은 증인이 잘못된 정책을 폈다는 사실을 증명한다고 생각합니다.

경대승   물론 정중부 정권에서 단행한 정책이 지방 사회의 안정을 위한 것이었다는 점은 인정합니다. 하지만 그 이면에는 이전 시기의 지방관을 교체함으로써 저항 세력을 제거하고 자신의 세력을 지방 사회에 침투시키려는 목적이 있었습니다. 당시 찰방사의 건의에 따라 숙청된 자는 990여 명으로 모두 문서에 기록되어 있었습니다. 그런데 그들이 공동으로 은 50여 근을 모아 정중부에게 뇌물을 주고 그 문서를 없애고자 했으나, 정중부가 그 일을 처리하지 못한 채 제거되었지요. 즉, 정중부 정권에서도 부정행위가 계속 이어지고 있었습니다. 이를 처리하기 위해 내가 1181년(명종 11)에 그동안 숙청되었던 지방관들 일부를 복권시켰습니다.

이대로 변호사   지금 증인은 정중부 정권의 폐단을 개혁하는 차원에서 지방관을 복권시켰다고 했습니다. 그러나 사실 대대적으로 지방관을 교체했던 것에 여러 세력이 반발했을 것이고, 이는 정치적 지지 기반이 취약했던 증인에게는 부담스런 것이었습니다. 때문에 훗날의 역사는 증인의 미온적인 태도 때문에 지방 정책에 혼란이 생겼고, 지금까지 누적되어 온 지방관의 탐학을 더욱 부채질하여 지방 사회에 새로운 갈등이 일어나게 되었다고 평가하고 있습니다. 이에 대해서는 어떻게 생각합니까?

경대승   아무리 그렇다고 하더라도 나는 그때 그렇게 할 수밖에 없었다는 점을 강조하고 싶습니다.

이대로 변호사　　증인은 1183년(명종 13) 서른 살의 젊은 나이에 병으로 죽었습니다. 정적에게 제거되지 않고 일찍 죽은 것은 증인에게는 다행이었다고 생각하는데, 후회하는 점은 없습니까?

경대승　　내가 그렇게 일찍 죽을 줄 알았다면 왕조를 위해 좀 더 유연한 정책을 펼쳤을 것입니다. 하지만 하늘의 뜻을 어찌하겠습니까? 후회는 없습니다.

이대로 변호사　　이상입니다.

판사　　양측 변호인이 더 신문할 사항이 없으면 피고 측의 증인 이의민에 대한 신문으로 넘어가겠습니다. 이의민은 앞으로 나와서 증인 선서를 해 주기 바랍니다.

　　재판정에 있는 모든 시선이 이의민에게 집중되었다. 이의민은 이런 시선을 의식했는지 어깨를 한 번 으쓱하고는 자리에서 천천히 일어났다. 그의 체격은 유달리 웅장해 보였고, 보는 이로 하여금 두려움을 느끼게 했다. 그는 증인석에 서서 큰 소리로 증인 선서를 하고는 자리에 앉았다.

판사　　먼저 피고 측 변호인이 신문해 주기 바랍니다.

이대로 변호사　　이의민 증인은 무신 정변이 정당했다고 생각합니까?

이의민　　정당했습니다. 무신 정변이 일어나던 당시 문신들의 횡포는 당해 보지 않은 사람은 모릅니다. 우리의 거사는 시대적인 요구였다고 생각합니다.

이대로 변호사　　그러니까 증인은 무신 정변이 필연적인 결과였다고 생각하는 것입니까?

이의민　　그렇습니다.

이대로 변호사　　피고는 하급 무신 출신으로 재상까지 올랐고, 경대승이 죽은 이후에는 독자적인 정권을 차지하기도 했습니다. 그렇다면 피고의 정권은 이전 무신 정권과 어떤 차이가 있었습니까?

이의민　　많은 차이가 있었지요. 나는 중앙에서 정권을 차지하기까지 많은 무신 정권의 실패를 두 눈으로 모두 보았고, 또 경대승 정권에서는 고향인 경주에 있으면서 지방 사회의 실상을 직접 체험할 수 있었습니다. 최고 권력자가 되기까지 준비 단계가 있었던 것이지요.

이대로 변호사　　그 말은 증인은 준비된 무신 집권자라는 뜻입니까?

이의민　　그렇습니다. 나는 누구를 제거한 후 권력을 차지한 것이 아니라 자연스럽게 권력을 이어받았습니다. 그렇기 때문에 다른 무신 정권과는 다른 개혁 정치를 펼칠 수 있었습니다.

이대로 변호사　　증인의 개혁 정치에 대해서는 뒤에 다시 묻도록 하겠습니다. 증인은 경대승이 정중부를 제거하고 정권을 잡았을 때 경주로 내려갔는데요. 무신 정변의 행동대로서 중요한 역할을 했던 증인이 왜 경대승 정권에 대항하지 않고 경주로 내려갔습니까?

이의민　　나는 무신입니다. 무신은 왕명에 따라 움직이는 장수입니다. 경대승은 무신 경진의 아들이었고, 그 또한 무신이었습니다. 그리고 그가 정중부 일당을 제거하는 데 명종 폐하의 지지를 받은 것으로 알고 있습니다. 무신 정권을 유지하기 위해서는 같은 무신끼리 싸우는 것만은 피해야 한다는 것이 내 생각이었습니다. 그래서 처음에는 개경에 계속 머물러 있으려고 했지만, 어린 경대승 눈치를 보느니 아예 고향인 경주로 내려가는 것이 좋겠다고 생각했습니다.

이대로 변호사　경대승이 1183년(명종 13) 7월에 죽었는데, 왜 증인은 그 이듬해 2월에서야 개경으로 올라왔습니까?

이의민　나는 1181년(명종 11) 4월에 경주로 내려갔는데, 그 이후에도 명종 폐하는 내게 계속 개경으로 올라오라고 하셨습니다. 하지만 나는 고향 경주에서 할 일도 있고 해서 올라가지 않았던 것입니다. 다른 사람 같았으면 정적이 죽은 상황에서 얼른 올라갔겠지요. 하지만 나는 달랐습니다.

김딴지 변호사　판사님, 제게도 신문할 기회를 주십시오.

판사　그럼 원고 측에서 신문하세요.

김딴지 변호사　증인은 고향 경주에서 할 일이 있어서 내려갔다고 했지만 세상 사람들은 그렇게 보지 않습니다. 꿍꿍이가 있었던 게지요. 중앙에서는 경대승이 두려워 집 밖으로 나가지도 못했고, 여차하면 제거될 수도 있는 상황이었으니까요. 그래서 아예 경주로 피신했던 것입니다. 그러면 증인이 경주로 피신한 진짜 이유는 무엇이었을까요? 증인은 고향인 경주에서 자신의 지역적인 기반을 확보하려고 한 것이 아니었습니까?

이의민　아니, 그럼 내가 경주에서 정변이라도 일으키려고 했다는 것입니까?

김딴지 변호사　바로 그겁니다. 명종도 증인이 경주에서 정변을 일

으킬지 모른다는 불안감 때문에 계속 개경으로 올라오라고 했던 것입니다. 급기야 경대승이 죽었는데도 증인이 올라오지 않자 명종의 불안감은 커졌고, 그래서 증인에게 군사권을 장악할 수 있는 정3품 병부상서라는 벼슬을 내렸습니다. 그제야 증인은 개경으로 올라왔고, 이후 곧바로 정2품으로 승진했습니다. 재상의 반열에 올라선 것

왜 무신 정변이 일어났을까?

이지요. 경주로 피신한 것이 증인에게는 엄청난 이득을 가져온 셈이지요.

이대로 변호사　판사님, 지금 원고 측 변호인은 근거도 없이 증인을 궁지로 몰고 있습니다. 시정해 주시기 바랍니다. 그리고 제게 발언권을 주시기 바랍니다.

판사　인정합니다. 피고 측 변호인의 변론을 들어 보겠습니다.

이대로 변호사　증인이 경주에서 개경으로 올라온 것이 1184년(명종 14) 2월이었습니다. 증인은 그때 곧바로 권력을 장악했습니까?

이의민　앞에서도 말했다시피, 나는 누구를 제거하고 권력을 장악한 사람이 아닙니다. 내가 권력의 중심이 될 시기를 기다렸을 뿐입니다.

이대로 변호사　그것이 언제였습니까?

이의민　경대승이 사망한 이후 명종 폐하가 나를 중용한 이유는 폐하 자신이 무신 정변을 통해 왕위에 올랐고, 무신 세력의 지지가 곧 폐하의 권력을 유지하는 바탕이 되었기 때문입니다. 그리고 내가 개경에 올라와서 처음부터 최고 집정자의 위치를 장악했던 것은 아니었습니다. 경대승이 죽은 이후 그때까지 집권 무신 세력이 장악했던 관리 인사권을 폐하와 그 측근이 관리했다는 사실에서도 이를 알 수 있습니다. 즉, 경대승의 사망으로 인하여 무신 세력 중 그동안 소외되었던 세력이 새롭게 권력을 확보할 수 있었으며, 아울러 폐하를 중심으로 한 새로운 세력이 형성될 수도 있었습니다. 오랫동안 중앙 권력에서 벗어나 있었던 내가 갑자기 권력을 장악할 수 있었던 상황은 아니었습니다. 나는 기회가 올 때까지 참고 기다렸습니다.

이대로 변호사　증인에게 기회가 왔습니까?

이의민　경대승이 사망한 이후 국왕, 왕의 측근 세력, 무신, 문신 등 여러 세력이 함께 정치를 운영했습니다. 이러한 힘의 공백은 새로운 권력 쟁탈과 지방 사회의 모순이 일어나게 된 배경이 되었지요. 이런 배경 속에서 1187년(명종 17) 7월에 조원정이 반란을 일으키기도 했습니다.

이대로 변호사　조원정이 왜 반란을 일으킨 겁니까?

이의민　조원정은 무신 정변에 적극적으로 가담한 인물로 신분적인 제약에도 불구하고 계속 승진했습니다. 조원정이 세금을 탈취한 일이 있었는데, 그때 여러 관리들이 조원정을 탄핵해야 한다고 상소를 거듭 올렸습니다. 그리고 이 탄핵에는 문신들이 참여하고 있었지요. 즉, 무신 정변 이후 정치권력에서 소외되었던 문신들이 무신을 탄핵할 정도로 성장한 것입니다. 이는 경대승 정권이 무신과 문신을 고루 등용한 결과라고 생각합니다. 조원정은 탄핵을 당한 것에 원한을 품고 반란을 일으켰지요.

이대로 변호사　증인도 반란을 진압하는 데 참여했습니까?

이의민　조원정과 나는 무신 정변의 동지였지만 가는 길이 서로 달랐습니다. 그래서 나는 반란을 진압하는 데 힘을 실어 주었지요. 그 사건 이후 나는 권력을 차지할 수 있었을 뿐만 아니라 나만의 개혁 정치를 펼 수 있었습니다.

이대로 변호사　　그러면 증인이 추진했던 개혁 정치는 무엇입니까?

이의민　　당시 무신 정권은 최고 집권자가 계속 바뀌면서 그 위상이 떨어져 있었고, 지방 사회도 매우 혼란스러웠습니다. 이를 해결하기 위해 1188년(명종 18)에 여덟 가지의 개혁이 발표되었는데, 그 주요 내용은 지방관의 폐단, 지배층의 토지 강탈, 백성에게 부과된 과중한 공역 등을 시정하자는 것이었습니다. 이들 개혁은 지방 사회에서 발생한 여러 가지 폐단의 근원을 시정하고, 무신 정권 내의 정치적 안정을 도모하기 위한 것이었습니다.

　　이때 이의민의 증언을 듣고 있던 김딴지 변호사가 이의를 제기하며 끼어들었다.

김딴지 변호사　　잠깐만요! 지금 말씀하신 개혁을 주도한 사람이 증인이었다는 것입니까? 하지만 전해지는 자료 어디에도 증인이 그 개혁을 주도했다는 내용은 나와 있지 않습니다. 어떻게 된 것입니까?

이의민　　개혁 이후 권력의 중심에 있던 사람이 누구입니까? 바로 나, 이의민입니다. 내가 주도하지 않았다면 그런 개혁 이후 내가 권력을 차지할 수 있었겠습니까? 지금 김딴지 변호사는 나를 무능한 사람으로 생각하는 겁니까?

김딴지 변호사　　저는 증인이 유능한지 무능한지를 따지자는 것이 아닙니다. 제가 말씀드리고 싶은 것은 증인이 주도했다는 그 개혁 정치도 결국에는 실패했다는 것입니다. 개혁 이후에도 지방 사회의

김사미와 효심의 반란
고려 시대 1193년(명종 23)에 경상도 지역을 중심으로 일어난 농민 항쟁입니다. 1년 정도 지속된 반란은 밀양에서 정부군에 의해 토벌되었지요.

폐단은 그대로 이어졌고, 심지어 1193년 7월에는 경상도 일대에서 김사미와 효심의 반란이 일어났습니다. 이는 증인이 내놓은 개혁 정책이 실천적인 면에서 한계가 있었다는 것을 보여 주는 사례입니다.

이의민　　김 변호사는 정치가가 아니지요? 정치를 하다 보면 이런저런 문제가 복잡하게 발생합니다. 나야 잘해 보고자 했지만 시대적인 상황이 이를 용납하지 않았던 것을 어떻게 하겠습니까?

김딴지 변호사　　지금 증인은 시대적 상황을 탓하는 것입니까? 증인 정권에서도 이전의 무신 정권과 똑같은 상황이 벌어진 것을 반성하지는 않습니까? 증인은 1196년(명종 26) 4월, 최충헌에 의해서 제거되었습니다. 증인이 개혁을 제대로 수행했다면 이런 일이 벌어졌을까요? 증인은 본인이 왜 제거되었다고 생각합니까?

이의민　　내가 방심한 탓입니다. 앞서 정중부도 무신 정변에 참여하지 않았던 경대승에 의해서 제거되었듯이, 나도 무신 정변과 아무 상관도 없었던 최충헌에게 죽임을 당했습니다. 참 억울한 일이었습니다.

김딴지 변호사　　▶최충헌이 증인을 제거한 명분 중에 하나는 증인이 노비 출신으로 왕이 되고자 했기 때문입니다. 이것이 사실입니까?

　　이때 갑자기 이의민이 증인석에서 벌떡 일어나 김딴지 변호사의 멱살을 잡았고, 그의 큰 주먹으로 김딴지 변호

사의 얼굴을 가격하려고 했다. 김딴지 변호사는 황급히 몸을 피하는
등 법정 안은 갑자기 소란스러워졌다.

판사   다들 조용히 하세요. 이의민 증인, 신성한 한국사법정에서
폭력을 행사하는 것은 절대 용납할 수 없습니다. 법정 경위는 지금
당장 증인 이의민을 데리고 나가세요!

법정 경위들이 흥분을 삭이지 못하고 큰 소리로 욕을 해대는 이의
민의 양팔을 잡고 법정 밖으로 끌고 나갔다.

이대로 변호사　　존경하는 판사님, 이 사태는 원고 측 변호인이 증인
의 개인적인 감정을 건드린 데서 비롯된 것입니다. 원고 측 변호인에
게 주의를 주시고, 이의민 증인을 관대하게 용서해 주시기 바랍니다.

판사　　피고 측 변호인의 의견을 존중합니다. 원고 측 변호인은 사
건의 내용과 관계없는 질문으로 증인의 감정을 건드리는 언사를 삼
가기 바랍니다.

김딴지 변호사　　법정을 소란하게 만들어서 죄송합니다. 하지만 저
는 역사 기록에 나와 있는 사실을 물어본 것뿐입니다. 이유가 어떻
게 되었든 신성한 법정을 소란스럽게 한 책임이 있다는 것을 인정하
고, 재판이 원만하게 진행되도록 아량을 베풀어 주시기 바랍니다.

판사　　두 분 변호인의 의견을 수용하겠습니다. 하지만 이후에 또
다시 신성한 법정을 모독하는 일이 일어난다면 엄하게 다스릴 거라
는 점을 명심해 주기 바랍니다. 재판정의 분위기를 바꾸기 위해 새
로운 증인을 불러오도록 하겠습니다.

　　왜 무신 정변이 일어났을까?

무신들이 만든 권력 기구

1170년에 무신들이 정변을 일으켜 정권을 장악한 후, 이들은 '중방'이라는 권력 기구를 중심으로 고려를 다스렸습니다. 중방은 상장군과 대장군이 모여 중요한 일을 의논하던 기구였지요. 무신 정변 이전에는 세력이 매우 약했지만 무신들이 권력을 장악하고 고려를 다스리면서 중방의 세력이 크게 높아졌지요.

한편 경대승은 '도방'이라는 사병 집단을 조직했습니다. 경대승은 정중부 세력을 없애고 권력을 잡았는데, 이 과정에서 많은 무신들이 반발했기 때문에 이들을 억누르기 위한 강한 힘이 필요했지요. 그래서 중방의 역할을 약화시키고 자신의 세력을 키우기 위한 도방을 설치한 것입니다.

이의민을 제거하고 권력을 잡은 최충헌은 '교정도감'이라는 새로운 기구를 만들어 권력을 행사했습니다. 최충헌은 스스로 교정도감의 우두머리인 교정별감이 되어 나라의 모든 일을 결정했지요. 그리고 '삼별초'라는 사병 조직을 만들어서 경찰의 역할을 맡겼습니다.

2 무신 정변, 혁명인가 반란인가?

    김딴지 변호사와 이대로 변호사가 새로운 증인에 대해 판사와 의논하는 사이 원고 측과 피고 측은 서로 머리를 맞대고 이야기하기에 바빴다. 이의민이 법정 밖으로 쫓겨난 탓인지 피고 측의 분위기는 썰렁했다.

이의방   내 이의민이 사고칠 줄 진작부터 알았지. 성질머리하고는.

정중부   김딴지 변호사가 이의민의 아킬레스건을 제대로 건드렸거든.

이고   말이야, 바른말이지 이의민이 천민 출신이란 것은 세상이 다 아는 사실 아닌가요?

정중부   어허, 이 사람아, 이의민 앞에서는 절대 그런 소리 말게나.

    왜 무신 정변이 일어났을까?

그 사람이 어떤 사람인가? 자기 고향 경주에서 소란을 피우다가 체포되었을 때 죽도록 얻어맞았지만 두 형만 죽고 이의민은 살아남지 않았나. 체격은 우리들 중에서 제일 출중하지.

한편, 원고 측도 지금까지의 재판을 평가하며 앞으로의 대책을 논의했다.

의종 김딴지 변호사가 이의민의 약점을 제대로 건드렸군. 속이 다 시원하네.

김돈중 다음 증인은 우리가 신청한 최충헌이라던데요. 그런데 최충헌도 무신인데 우리에게 협조하겠습니까? 최충헌 역시 무신 정권을 장악했던 인물이고, 특히나 그의 집안은 4대에 걸쳐 60여 년 동안 정권을 장악했습니다.

한뢰 김딴지 변호사가 잘할 테니 너무 걱정하지 마세요.

판사와 두 변호사의 논의가 끝나자 판사가 주위를 정돈하며 입을 열었다.

판사 재판을 속개하겠습니다. 아까도 말씀드렸지만, 여기는 신성한 한국사법정입니다. 법정을 모독하는 말이나 행동은 절대 용납하지 않겠습니다. 마지막으로 원고 측에서 신청한 최충헌의 증언을 듣도록 하겠습니다. 증인 최충헌은 앞으로 나와서 증인 선서를 해 주기 바랍니다.

건장한 체격과 매서운 눈초리를 가진 최충헌이 성큼성
큼 앞으로 걸어 나와 증인석에 서서 선서를 하고 자리에
앉았다.

김딴지 변호사 증인 최충헌은 무신 정변에 참여하지 않았습니다.
무신 정변이 일어났을 때 증인의 나이는 몇 살이었습니까?

최충헌 1149년(의종 3)에 태어났으니까, 스물두 살이었습니다.

김딴지 변호사 아직 어린 나이였으니까 정변에 참여하기에는 이
른 시기였겠지요. 그런데 아버님 최원호도 무신이었지요?

최충헌 예, 정3품 상장군이었습니다.

김딴지 변호사 그럼 증인의 아버님은 무신 정변에 참여했습니까?

최충헌 아버님은 정변에 적극적으로 가담하지 않았지만, 반대는
하지 않았던 것으로 알고 있습니다.

김딴지 변호사 그러면 아버님과 증인도 무신 정변 이후에 출세를
했겠군요.

최충헌 아버님은 크게 출세하지 못하셨습니다. 그러나 나는 섭장
군까지 진급했지요.

김딴지 변호사 그럼 증인은 무신 정변을 어떻게 생각합니까?

최충헌 나는 의종 폐하 때 태어나서 그분의 통치를 직접 경험했
습니다. 내 경험으로도 무신 정변은 당연한 결과였다고 생각합니다.

　　원고 측 증인으로 나온 최충헌이 무신 정변을 옹호하는 발언을 하
자 재판정이 술렁였다. 하지만 김딴지 변호사는 그런 대답이 나올
줄 알았다는 듯 여유 있는 표정으로 질문을 이어 갔다.

김딴지 변호사　무신 정변이 당연한 결과였다고 생각할 뿐만 아니라 무신 정권의 혜택을 많이 받은 증인이 왜 무신 정변의 핵심이었던 이의민을 제거했습니까?

최충헌　잘 아시다시피 이의민은 무신 정변으로 하급 무신에서 재상까지 올랐던 사람입니다. 게다가 이의민은 끝내 국왕의 자리까지 엿본 대역 죄인이었습니다. 왕조 사회에서 어떻게 이런 자를 용납할 수 있겠습니까?

김딴지 변호사　그런데 증인이 이의민을 제거하고 최고 권력자 자리에 오른 것은 이전 시기의 무신 집권 세력과 전혀 차이가 없는 셈입니다. 이에 대해 어떻게 생각합니까?

최충헌　내가 다른 집권자와 어떤 차이가 있었는지는 차차 말씀드리지요. 내가 이의민을 제거해야 하는 명분은 충분했습니다. 이의민은 일찍이 의종 폐하를 시해한 대죄가 있었고, 백성을 수탈하여 사회 분위기를 어지럽게 했을 뿐만 아니라, 심지어 국왕 자리까지 엿본 파렴치한 자였습니다.

김딴지 변호사　정적을 제거할 수 있는 명분이야 만들려고 마음만 먹으면 얼마든지 만들 수 있는 것 아닙니까? 이전의 무신 정권에서는 이의민이 원고 의종을 시해한 것을 문제 삼은 적이 없었는데, 왜 증인만 문제가 된다고 하는 것입니까?

최충헌　바로 그런 점이 나와 다른 무신들의 차이입니다.

김딴지 변호사　그러면 증인이 명종, 희종을 폐위시킨 이유는 무엇입니까?

최충헌 그야 명종 폐하는 내가 올린 개혁 상소를 실행하지 않는 무능한 왕이었고, 희종 폐하는 나를 제거하려고 했기 때문이지요. 폐위시킨 것과 시해한 것은 큰 차이가 있습니다.

김딴지 변호사 왕조 사회에서 신하가 임금을 맘대로 폐위하고 세우는 것이 과연 옳은 일입니까? 임금을 폐위시킨 것과 시해한 것이 차이가 있다고 했는데, 한 나라의 국왕이 폐위되는 것은 곧 죽음과 같은 것 아닙니까?

최충헌 하나의 정권을 올바로 이끌어 나가기 위해서는 하기 싫어도 할 수밖에 없는 일이 있는 겁니다. 김딴지 변호사는 최씨 정권의 역사적인 성과에 관심을 두기 바랍니다.

김딴지 변호사 한 가지만 더 질문을 드리겠습니다. 조금 전에 증인 이의민의 신분이 문제가 되었는데요. 역사 기록에는 이의민이 노비 출신이라고 나와 있습니다. 증인은 그 사실을 알고 있었습니까?

최충헌 알고 있었습니다. 무신 정권이 성립되고 사회 여러 계층에서 불만이 터져 나왔는데, 특히 하극상이 문제였습니다. ▶내가 집권하고 있을 때 노비 만적이라는 자가 개경에서 반란을 일으킨 적이 있었습니다. 아무리 세상이 바뀌어도 그렇지 어떻게 노비 출신이 재상이 되고, 반란을 일으킵니까? 있을 수 없는 일입니다.

김딴지 변호사 증인의 말은 자신이 하면 정당하고, 남이 하면 부당하다는 것과 다름없군요. 그런데 이전 무신 정

하극상
신분이 낮은 사람이 신분이 높은 사람의 말이나 지시에 복종하지 않는 것을 하극상이라고 합니다.

교과서에는

▶ 무신 집권기에는 노비들이 저항하는 일이 많았습니다. 부곡, 소 등 특수 행정 구역의 주민과 노비가 신분 해방을 꿈꾸며 들고일어났지요. 망이·망소이의 난과 만적의 난이 대표적인 예입니다.

권에서는 이의민 증인이 노비 출신으로 출세했던 것에 반발한 사례가 없습니다. 증인 쪽에서 이의민을 제거할 명분을 만들기 위해 그의 신분을 조작한 것은 아닙니까? 특히 조금 전에 증인이 만적의 사례를 들었는데, 만적이 정말 노비였습니까? 만적이 정변의 기치로 삼았다는 "공경장상(公卿將相)의 씨가 따로 있는 것이 아니라 기회가 오면 누구나 할 수 있다"는 말은 『맹자』라는 고전에서 나오는 것인

왜 무신 정변이 일어났을까?

데, 노비가 『맹자』를 읽었겠습니까?

최충헌　　지금 질문한 것에 대해서는 대답하지 않겠습니다. 김딴지 변호사는 역사 기록에 나와 있는 사실을 참고하기 바랍니다.

김딴지 변호사　　참, 대단한 순발력입니다. 존경하는 판사님, 그리고 배심원 여러분, 증인 최충헌의 증언을 들으며 도대체 이전 무신 세력과 최충헌 정권이 무엇이 다른지 의심스러웠을 것입니다. 이는 최충헌뿐만이 아닙니다. 이의방, 정중부, 경대승, 이의민, 최충헌 등 무신 정권의 집권자들은 계속 바뀌었지만 고려 사회가 실질적으로 달라진 것이 무엇입니까? 이들은 그저 권력을 차지하기 위해 싸운 것에 불과합니다. 이점을 꼭 기억해 주셨으면 좋겠습니다. 판사님, 제 질문은 일단 여기까지입니다.

판사　　피고 측 변호인, 반대 신문 하겠습니까?

이대로 변호사　　네. 증인은 이의민과 그 일파를 제거한 다음에는 무엇을 했습니까?

최충헌　▶우리의 정변이 정당하다는 것을 보여 주기 위해 사회 모순을 모두 해결할 수 있는 개혁안을 내놓았습니다.

이대로 변호사　　'봉사십조(封事十條)'를 말하는 겁니까?

최충헌　　그렇습니다. '봉사십조'에 대해 간략히 말씀드리지요. 첫째, 왕은 정전에 즉시 들어갈 것, 둘째, 중요하지

『맹자』
유교 경전인 사서(四書)의 하나로, 중국 전국 시대의 사상가인 맹자와 그 제자들의 대화 따위를 기술한 것이며 14권 7책으로 이루어져 있습니다.

정전
왕이 조회를 여는 궁전으로 고려 시대는 연경궁을 말하지요. 1171년 연경궁이 불타 수장궁으로 옮겼는데 복구가 된 뒤에도 황궁하지 않고 있었지요.

교과서에는

▶ 권력을 잡은 최충헌은 사회 혼란을 극복하기 위해 '봉사십조'와 같은 개혁안을 내놓았으며, 농민 항쟁을 진압하는 데도 힘을 쏟았지요. 하지만 개혁은 점점 힘을 잃었고, 오히려 최충헌은 많은 토지와 노비를 차지했답니다.

비보사찰
지리학과 예언을 믿는 도참사상
이 결합된 지리도참설과 불교 신
앙에 따라 전국의 뛰어난 땅과
산에 세운 절을 비보사찰이라고
부릅니다.

언관
고려, 조선 시대에 관료들의 과
실을 왕에게 고하거나 그 관리
를 탄핵하고, 관리 인사에 대해
서명을 하는 권한을 가지고 있
던 관리입니다.

않은 벼슬아치를 없앨 것, 셋째, 대토지 소유자는 불법적
으로 소유한 땅을 원래 주인에게 돌려줄 것, 넷째, 조세를
정당하게 부과할 것, 다섯째, 왕가에 음식을 바치는 것을
금할 것, 여섯째, 승려의 궁궐 출입과 왕실이 민간에 고리
대업을 하는 것을 금지할 것, 일곱째, 청렴한 지방 관리를
채용할 것, 여덟째, 조정 신하들의 사치 생활을 금지할 것,
아홉째, 비보사찰(裨補寺刹) 이외의 사찰을 제거할 것, 열
째, 언관(言官)의 기능을 바로잡을 것 등이었습니다.

이대로 변호사   역사 학자들 중에는 증인의 개혁 정책과
이의민이 1188년(명종 18)에 제기한 개혁 정책이 다르지 않다고 생
각하는 사람도 있는데, 어떻게 생각하십니까?

최충헌   개혁 정책은 당시 사회가 안고 있던 가장 시급한 문제를
전면에 부각시킨다는 점에서 그 의의가 있습니다. 때문에 이의민이
아무리 좋은 개혁안을 내놓았어도 그것을 실천하지 않았다면 의미
가 없는 것입니다.

이대로 변호사   그러면 증인은 개혁안을 실천했습니까?

최충헌   내가 개혁안을 올렸지만, 명종 폐하는 이를 수용하지 않
았습니다. 그래서 폐하를 창락궁에 유폐하고, 폐하의 아우인 신종
폐하를 추대했던 것입니다.

김딴지 변호사   판사님, 제게 다시 증인을 신문할 기회를 주십시오.

판사   허락합니다. 신문하세요.

김딴지 변호사   증인의 개혁안을 꼼꼼하게 분석해 보면, 왕권을 약

화시키고, 사원 세력을 억압하면서 관직 체계를 개편하여 모든 권력을 최씨 정권에 집중했던 것으로 보입니다. 또한 경제 제도와 지방관의 문제를 제시함으로써 기존의 제도에서 비롯되었던 모순을 해결하려 했는데, 이것은 무신 정변 이후 끊이지 않던 지방 사회의 혼란 및 반란을 무마하기 위한 정책이었습니다. 지방 사회의 불안정 때문에 중앙 정치 운영 또한 부실해졌고, 잦은 정변이 발생했으니까요. 그러나 증인의 개혁 역시 근본적인 개혁안은 아니었습니다. 폐단을 일으키는 일부 관리에게 벌을 주는 것에 그쳤지요. 이는 이전 시기 무신 정권의 개혁과 전혀 다를 것이 없습니다. 이런 것이 최씨 정권의 속성과 한계를 보여 주는 것이라는 평가가 있는데, 어떻게 생각하십니까?

최충헌　역사에서는 최씨 정권을 무신 정권을 안정시킨 정권으로 평가하고 있습니다. 이 점을 고려해 주기 바랍니다.

김딴지 변호사　▶지금 증인은 최씨 정권이 증인에서 최우, 최항, 최의에게 차례로 권력을 넘기며 명종, 신종, 희종, 강종, 고종의 다섯 왕을 섬겼다는 점을 평가해 달라는 것입니까? 증인 이전의 무신 집권자들은 다른 무신들과 권력을 공유했습니다. 그에 반해 증인은 모든 권력을 장악하여 마음대로 국왕을 폐위시키는 등 권력을 독점했습니다. 이를 역사에서는 무단 독재라고 합니다. 어떻게 생각합니까?

최충헌　김딴지 변호사도 잘 알다시피, 당시의 고려 왕조는 매우 어려운 처지에 놓여 있었습니다. 대내적으로는

교과서에는

▶ 최충헌 이후 최우 등이 권력을 이어받아 최씨 정권이 고려의 최고 집권가가 되었어요. 이후 무신 정권은 정치적으로 안정되었지만 나라의 통치 질서는 오히려 약화되었습니다.

지방 사회의 저항이 끊임없이 일어났고, 대외적으로는 거란유종(契丹遺種)이나 몽골의 침입을 물리쳐야 하는 등 극복해야 할 어려운 과제가 많았습니다. 이런 것들을 슬기롭게 헤쳐 나가면서 장기간 정권을 유지했다는 점을 평가해 달라는 것입니다.

김딴지 변호사　증인은 앞서 개혁안을 내놓는 것보다 개혁을 실천하는 것이 더 큰 의미가 있다고 했습니다. 하지만 증인이 개혁안을 실천하려고 했는데도 지방 사회에서 끊임없이 저항이 일어났습니다. 최씨 정권 또한 이전의 무신 정권과 마찬가지로 많은 폐단을 저질렀기 때문에 그렇게 된 것이 아닙니까?

최충헌　무능한 왕조에 끊임없이 도전했던 세력들을 물리쳐 준 내 공로는 왜 평가해 주지 않습니까?

이대로 변호사　판사님, 원고 측 변호인은 무신 정권의 의미를 약화시키기 위해 증인을 무리하게 신문하고 있습니다. 제게도 발언권을 주시기 바랍니다.

판사　인정합니다. 피고 측 변호인 신문하세요.

이대로 변호사　그러면 증인이 집권할 때 이룬 정치적인 업적을 말씀해 보시지요.

최충헌　내가 1219년(고종 6)에 사망했기 때문에 그 이후의 역사에 대해서는 역사공화국에 와서 안 사실만을 말씀드리겠습니다. 최씨 정권이 집권하면서 고려의 지방 사회는 어느 정도 안정을 찾았지요. 그리고 1219년(고종 6)에는 몽골, 동진과 연합하여 거란유종을 제압

했습니다. 또한 저기 방청석에 앉아 있는 내 아들 최우와 손자 최항, 최의가 차례로 정권을 물려받으면서 거대한 몽골과 맞서 싸웠지요.

김딴지 변호사　이번에는 제가 질문해 보겠습니다.

판사　좋습니다.

김딴지 변호사　역사가들은 최씨 정권이 참 운이 좋다고도 합니다. 정권이 위기에 처할 때마다 전쟁을 통해 그 위기에서 빠져나올 수 있었으니까요. 예컨대 증인이 1219년(고종 6)에 사망하면서 정권이 위기를 맞았지만, 아들 최우는 강동성에서 거란유종과 싸우며 고려 전체를 긴장하게 만들었습니다. ▶또 몽골에 맞서 싸울 때는 무책임하게 강화도로 도읍을 옮겨 본토의 백성은 몽골에게 고통을 받은 반면 최씨 정권은 유지될 수 있었지요. 이런 점은 어떻게 생각하십니까?

최충헌　그러면 고려가 몽골에게 항복이라도 했어야 옳았다는 겁니까?

김딴지 변호사　제가 지금 증인과 논쟁을 벌이자는 것이 아닙니다. 증인은 제 질문에 분명한 입장을 밝히기만 하면 됩니다. 다시 제 질문에 답해 주시지요.

최충헌　물론 당대에 살았던 백성이 고통을 받은 것은 사실이지만, 오늘날의 입장에서 보면 의미가 있을 수 있습니다. ▶▶내 아들이 주도해서 만든 팔만대장경은 현재 유네스코에서 지정한 세계 기록 유산이 되지 않았습니까? 최씨 정권이 강화도로 수도를 옮기면서 생긴 긍정적인 결과도 평가해 달라는 말입니다.

김딴지 변호사   본토의 백성은 죽거나 말거나 자신들만 호사스런 생활을 즐겼다는 것을 인정하라는 겁니까?

최충헌   역사는 결과로 평가받는 것으로 알고 있습니다. 최씨 정권이 장기간 정권을 유지하면서 고려를 안정시켰다는 점을 평가해 달라는 것이 잘못되었다고는 생각하지 않습니다. 그럼 최씨 정권이 무너진 후 약 100여 년 동안 고려가 원나라의 간섭을 받게 된 이후의 역사는 어떻게 평가해야 합니까?

판사   대몽 항쟁이나 원 간섭기에 대해서는 한국사법정에서 따로 재판이 열릴 예정입니다. 지금까지 피고와 원고, 그리고 여러 증인들로부터 많은 이야기를 들었습니다. 세 번째 재판에서는 경대승 정권부터 이의민 정권을 거쳐 최씨 정권에 이르기까지 무신 정권이 어떤 개혁을 펼쳤고, 그 개혁에 어떤 의미가 있었는지 평가해 보았습니다. 잠시 휴식을 취한 후 피고와 원고의 최후 진술을 듣겠습니다.

　　땅, 땅, 땅!

"왕후장상의 씨가 따로 있으랴!"

만적은 노비였습니다. 그는 다른 노비들과 함께 산에 올라가서 나무를 하다가 반란을 일으킬 계획을 짰어요. 여러 노비들과 각자 주인을 죽이고 자신들의 노비 문서를 불태운 후 궁궐에 쳐들어가기로 약속했지요. 이때 만적이 여러 노비들을 모아 놓고 이런 말을 했다고 해요.

"정중부가 무신 정변을 일으키고 권력을 차지한 이후 천민 출신도 높은 벼슬을 차지했다. 왕후장상이 어찌 원래부터 씨가 있겠는가! 때가 오면 누구든지 다 할 수 있는 것이다."

무신 집권기에는 천민 출신인 이의민도 최고 집권자가 되었으니 만적이 이런 말을 하며 반란을 일으킨 것이지요. 하지만 만적의 반란은 성공하지 못합니다. 순정이라는 노비가 자신의 주인에게 이 사실을 알렸고, 그 사람이 다시 최충헌에게 만적의 계획을 말해 줬거든요. 결국 만적과 다른 노비들은 반란에 실패했고, 최충헌은 이들을 강에 던져 버렸어요. 반면 만적의 반란을 밀고한 순정은 상금도 받고 노비 신분에서 벗어나 양인이 될 수 있었다고 해요.

다알지 기자

　　　　　　저, 다알지 기자는 오늘도 한국사법정 앞에
　　　　　나와 있습니다. 의종과 정중부의 무신 정변 재판
　　　이 드디어 끝났는데요. 오늘 재판에서는 원고 측 증
인으로 경대승, 최충헌이 나왔고, 피고 측 증인으로는 이의민이 등장
했습니다. 경대승은 정중부를 제거하고 무신 정권을 차지한 인물로,
26세의 나이에 최고 집권자의 위치에 올랐지요. 경대승이 병으로 죽
은 이후에는 이의민이 정권을 잡았는데요, 오늘 재판에서 이의민은 자
신의 노비 신분을 문제 삼는 김딴지 변호사의 멱살을 잡아 모두를 놀
라게 했습니다. 한편 최충헌은 이의민을 제거하고 정권을 세운 인물
로, 이후 4대에 걸쳐 최씨 정권이 유지되었지요. 김딴지 변호사는 최충
헌을 신문하며 무신 정권 전체의 의미를 약화시키기 위해 여러 질문을
던졌습니다. 그럼 피고 측 증인 이의민과, 원고 의종을 도우며 지금까
지의 재판을 모두 지켜 본 김돈중을 모시고, 오늘 재판에 대한 이야기
를 들어 보겠습니다.

이의민

　오늘 내가 법정에서 흥분한 것은 미안하게
생각합니다. 내가 워낙 성격이 불같아서요. 이 성
격은 역사공화국에 와서도 고쳐지지가 않네요. 오늘
김딴지 변호사가 나를 깎아내리기 위해서 내가 경주에서 반란을 일으
킬 준비를 했다는 둥, 내가 개혁을 주도했다는 기록이 없다는 둥 트집
을 잡았지만 역사는 진실만을 말합니다. 지방관의 폐단을 시정하고,
백성을 돌보는 개혁 정책이 시행된 후 정권을 잡은 사람이 누구입니
까? 바로 나, 이의민입니다. 나는 누구보다 혼란스러웠던 고려를 정치
적으로 안정시키기 위해 노력했어요. 원고 측은 자꾸 죽은 것이 억울
하다고 하는데, 큰일을 달성하기 위해서는 소수의 희생이 따르게 마련
입니다. 역사는 진전하는데 사회가 따라가지 못하면 누군가는 용단을
내려 이를 바로잡아야 하지 않겠습니까?

김돈중

안녕하세요. 사실 나와 한뢰 공은 무신 정변
이 일어났을 때 바로 죽었기 때문에 재판정에서
별로 증언할 말이 없었어요. 그래서 의종 폐하를 도
와 재판을 준비하면서도 아쉬운 점이 참 많았답니다. 오늘 증인으로
나온 최충헌은 마치 무신 정권이 존재했기 때문에 고려가 몽골의 침입
에 맞설 수 있었고, 팔만대장경이라는 문화재도 만들 수 있었다는 식
으로 이야기하더군요. 하지만 우리 김딴지 변호사가 지적한 것처럼 최
씨 정권은 몽골을 피해 강화도로 도망가서 호화로운 생활을 즐겼어요.
그리고 노비였던 만적을 비롯하여 여러 세력이 반란을 일으키기도 했
고요. 이번 재판을 통해서 무신 정변이 역사의 흐름을 거역한 반역이
었음이 충분히 증명되었다고 생각합니다. 역사의 흐름을 방해한 사건
은 언제라도 비판받아야 합니다.

왜 무신 정변이 일어났을까?

무신 정권은 파렴치한
권력 다툼에 불과했어요

vs

무신들은 새로운 사회 질서를
세우려고 했습니다

판사 지금부터 원고와 피고의 최후 진술이 있겠습니다. 원고, 피고는 이번 기회가 재판정에서 발언할 수 있는 마지막 기회라는 점을 명심하고 신중하게 발언해 주기 바랍니다. 먼저 원고 의종부터 시작하세요.

의종 나는 1134년(인종 12)에 태자가 되었으며, 1146년 인종 폐하가 돌아가시면서 고려 왕조 제18대 국왕에 즉위했습니다. 당시 고려 왕실은 이자겸과 묘청 등의 연이은 반란으로 그 권위가 크게 떨어져 있었습니다. 특히 묘청의 반란 이후 서경 세력이 몰락하면서 개경을 기반으로 한 문신 세력이 권력을 독점했을 뿐만 아니라 왕위마저 엿보아서 나는 항상 신변의 위협을 느낄 수밖에 없었습니다. 또한 대외적으로는 여진족이 세운 금나라가 대륙으로 더욱 팽창하던 시기

이기도 했습니다. 내가 재위 중에 궁궐 바깥으로 자주 나가고 놀이를 좋아했던 것도 당시의 절박한 현실로부터 도피하고픈 심정에서 비롯된 것입니다.

그러나 내가 현실적인 문제를 완전히 회피했던 것은 아니었습니다. 실추된 왕실의 권위를 회복하고 왕조를 다시 일으켜 세우기 위해 여러 가지 개혁안을 시도했습니다. 또한 문신 세력을 견제하기 위해 무신 세력을 중용하기도 했지요. 그러나 이런 점 때문에 문신과 무신의 갈등이 심해졌고, 오히려 무신 정변의 원인을 제공한 꼴이 되었습니다. 나의 불찰이었지만 그래도 문신 세력의 권력 독점을 해소하지 않고서는 나의 입지를 강하게 세울 수 없었던 것이 당시의 현실이었습니다.

내가 중용하고 아껴 주었던 무신들이 나를 배반한 것은 지금도 원망스럽습니다. 무신 정변이 일어났을 때 내가 크게 동요하지 않았던 것도 그들이 왕권에 위협적인 문신을 처결했다는 점을 인정했기 때문입니다. 그러나 그들은 결국 권력을 잡기 위해 나를 배반했고 또 죽이기까지 했습니다. 비록 무신들이 왕조를 찬탈하지는 않았지만 왕권을 모욕하고 이전보다 더욱 횡포를 부린 사실은 용서할 수 없습니다. 존경하는 판사님, 배심원 여러분, 무신들의 파렴치한 권력욕을 역사의 이름으로 처결해 줄 것을 간곡하게 부탁합니다. 이상입니다.

판사　수고했습니다. 다음으로 피고 정중부는 최후 진술을 하기 바랍니다.

정중부　오늘날의 역사는 무신 정변을 잘못된 거사로 평가하고 있

지만, 당대를 살았던 우리에게 무신 정변은 시대적 소명이었습니다. 역사 속에는 수많은 사건들이 있었고, 그중에 왕조를 뒤엎고 새로운 시대를 펼친 경우도 많았습니다. 그러나 우리 무신들은 비록 부패하여 조정을 어지럽히는 문신들을 제거하고 정권을 장악하긴 했지만 왕조의 질서를 무너뜨리지는 않았습니다. 정치를 운영할 때 경험이 부족해서 잘못을 저지르기도 했지만, 그 또한 당대 사회에서 어쩔 수 없는 상황이었음을 알아주기 바랍니다.

역사의 평가에서도 잘 알 수 있듯이, 무신 정변이 일어난 시기에 고려는 이미 모순이 많은 나라였습니다. 국왕은 무능하여 놀이에 나라의 재산을 탕진했고, 문신들은 그런 국왕을 이용하여 권력을 독점하고 여러 폐단을 일으키고 있었습니다. 왕조가 망할 수 있는 조건이 충분했다는 것입니다. 게다가 문신들은 무신들을 무시하고 모욕하기를 일삼아 이 분별 없는 차별 대우를 더는 견딜 수 없게 만들었습니다. 이런 상황에서 우리 무신들은 새로운 사회 질서를 세우기 위해 들고일어날 수밖에 없었습니다. 그리고 그런 사회를 이루려고 나름 애썼습니다.

하지만 권력에 대한 욕망이 우리를 또다시 좌절하게 만든 것도 사실입니다. 지금 우리는 권력 다툼을 벌였던 그때의 잘못을 크게 뉘우치고 있습니다. 그럼에도 불구하고 이 땅의 역사는 오늘날까지 계속되고 있고, 그 한편에 우리의 무신 정변이 자리 잡고 있다는 점을 헤아려 주기 바랍니다. 오늘날 역사가 무신 정변을 어떻게 평가하던 간에 우리의 존재를 인정하지 않을 수는 없을 것입니다. 우리 무신들은 역사의 심판을 겸허하게 받아들인다는 점을 인정해 주시고, 너 그러운 판결을 당부하는 바입니다. 이상입니다.

판사   양측의 이야기를 모두 들어 보았습니다. 지금까지의 재판 내용과 배심원의 의견을 종합해서 판결을 내리도록 하겠습니다. 이상으로 모든 재판을 마치겠습니다.

    땅, 땅, 땅!

역사공화국 한국사법정 재판 번호 17 의종 vs 정중부

주문

무신 정변은 과거 지배 세력의 문제점 때문에 발생했다. 하지만 무신 정권이 이전의 정치 세력과 큰 차이가 없었다는 점에서는 부정적인 평가를 받을 만하다. 국왕 의종의 시해에 대해서는 이의민에게만 유죄를 선고한다.

판결 이유

첫째, 무신 정변에 대한 평가는 당대 사회의 의미에 따라 판단해야 한다는 것이 본 법정의 결론이다. 918년 고려 왕조가 성립하면서 새로운 중세적 질서를 열었던 것은 사실이지만, 250여 년이라는 오랜 기간 왕조가 유지되면서 여러 가지 문제가 있었다는 점을 인정한다. 하지만 개혁 세력으로 자처했던 무신 정권 또한 기존의 왕조적 질서를 유지했고, 이전의 문신 세력과 별다른 점을 발견할 수 없었던 것도 사실이다. 그 결과 정치권력은 문란했고, 지방에서는 저항 세력이 들고일어났다. 무신 정권은 이를 개혁으로 돌파하기보다는 강력한 무력을 앞세워 제압하려고 했다. 따라서 오늘날의 역사 평가에서 무신 정변에 대한 부정적인 입장은 정당한 것으로 판결한다. 다만 최씨 정권과 그들의 대몽 항쟁에 대한 판결은 이고, 이의방, 정중부, 이의민 정권과는 다른 성격을 지니고 있기 때문에 판단을 유보한다.

둘째, 왕조 사회에서의 무신 정권은 정권의 정당성보다는 권력을 행사한 것이 정당한지 부당한지에 따라 평가되어야 한다는 것이 본 재판부의 판단이다. 무신 정변 세력의 일차적인 제거 대상은 문신에 한정되었고, 국왕 의종의 시해는 김보당의 정변 등 문신 세력의 반격을 사전에 차단하기 위한 목적에서 비롯된 것으로 판단한다. 시해를 명령했던 자의 물증이 밝혀지지 않은 상황에서 국왕 의종의 시해에 대해서는 당사자인 이의민에 대한 판결로만 한정하여 유죄로 인정한다.

셋째, 현재 본 법정에 있는 피고 측과 원고 측은 과거 한 시기에 국왕을 정점으로 문신과 무신으로 서로 공존했던 자들이다. 하지만 정치권력을 독점하기 위해 경쟁하면서 종국에는 서로 죽이는 견원지간이 되었다. 양측은 모두 대한민국 역사에 중요한 교훈을 남겼지만, 또한 역사에 큰 빚을 졌다는 점을 명심하기 바란다. 문신들의 횡포가 무신 정변의 원인을 제공했다는 것과 무신 정변이 결과적으로 역사를 후퇴시켰다는 것이 오늘날의 역사적 평가이다. 따라서 이미 지나간 과거의 역사도 역사가 살아 있는 한 영원히 평가의 대상이 된다는 점을 우리 모두 명심해야 할 것이다.

역사공화국 한국사법정 담당 판사 공정한

"재판은 끝났지만 아쉬운 점이 많구나"

　길고 긴 재판이 끝나고 원고 측과 피고 측은 한국사법정을 빠져 나왔다. 이들은 모두 지쳐 있었지만 그래도 재판이 끝났다는 사실에 홀가분한 얼굴을 하고 있었다. 한국사법정 정문 앞에서 가볍게 눈인 사를 나눈 원고 측과 피고 측은 갈림길로 헤어져 서로의 갈 길을 가기 시작했다.

　한뢰와 김돈중을 이끌고 가던 의종이 먼저 입을 열었다.

　"다들 수고했소. 이번 재판을 통해서 우리의 억울한 죽음이 해결되리라 생각했지만, 어느 누구에게도 동정받지 못하는 원래의 자리로 돌아가고 말았구려."

　의종의 탄식에 한뢰가 대답했다.

　"재판의 결론이야 이미 난 것이었습니다. 역사에 대한 법의 심판은 한계를 가질 수밖에 없지 않겠습니까? 하지만 역사의 공공성 이전에 개인의 문제도 중요하다는 점을 왜 인정하지 않으려고 하는지 안타깝습니다."

김돈중도 이에 맞장구를 쳤다.

"맞습니다. 오늘의 이 재판은 무신 정변 때문에 죽임을 당한 자들의 개인적인 억울함을 판결해 달라는 목적이었는데…… 아쉬운 점이 많습니다."

한편, 피고 측은 피고 측대로 아쉬운 점이 많은 재판이었다. 이고와 이의방이 아직 하고 싶은 말이 많다는 표정으로 말을 꺼냈다.

"무신 정변의 의의는 많은 모순을 가지고 있던 문신들을 척결하는 것이었잖습니까? 우리의 거사는 혁명이었습니다. 왜 사람들은 이것을 인정하려 하지 않는지 모르겠습니다."

"아무리 좋은 취지에 의해 벌어진 사건이라도 결과가 나쁘면 좋게 평가되지 않는다는 것을 뼈저리게 알 수 있었습니다."

정중부도 한마디 거들었다.

"맞습니다. 우리가 거사를 일으킨 취지는 참 좋았지요. 하지만 여러분과 내가 욕심이 좀 과했나 봅니다. 우리가 정신 차리고 각자의 일만 잘했어도 오늘날의 평가가 바뀌었을 텐데 아쉬움이 많습니다."

한쪽에 조용히 있던 이의민이 아쉬운 듯 중얼거렸다.

"오늘날 이렇게 평가받을 바에야 그때 왕이나 한 번 해 보는 건데……."

해가 지고 거리에는 어둠이 찾아오고 있었다. 어둠 속으로 걸어가는 국왕과 문신, 무신들의 어깨가 축 처진 듯했다. 그래도 역사공화국의 거리의 불빛만은 휘황찬란하게 빛나고 있었다.

왜 무신 정변이 일어났을까?

무신 정변으로 의종이 유배된 곳, 거제도

1170년 정중부·이의방 등이 난을 일으켜 폐위된 의종은 거제도로 쫓겨나게 되었어요. 한순간에 왕의 자리에서 물러나야 했던 의종의 숨결을 찾아 거제도로 떠나 볼까요?

경상남도 거제시의 본 섬인 거제도는 경상남도 진해만에 위치하고 있어요. 10개의 유인도(사람이 사는 섬)와 52개의 무인도(사람이 살지 않는 섬)로 이루어져 있지요. 거제도는 우리나라에서 제주도 다음으로 큰 섬이랍니다. 이곳은 풍부한 해산물과 아름다운 풍광으로 유명합니다. 하지만 이 아름다움 속에는 무신 정변으로 왕좌를 떠나야 했던 의종의 슬픔을 간직한 곳이기도 하답니다.

거제대교를 막 지나 거제시 둔덕면 거림리에 가면 돌로 쌓은 성을 볼 수 있어요. '버려진 임금의 성'이라는 뜻의 '폐왕성'이라는 이름이 붙은 이곳은 폐위된 의종이 유배되었을 때 쌓은 성이에요. 현재 일부가 무너져 있지만 둘레는 약 550m, 높이 4.8m인 것을 확인할 수 있지요. 성 밖은 돌을 쌓아 외부로부터 적을 경계하였고, 성의 서쪽과 서남쪽에는 성곽이 쌓여져 있답니다. 성문은 현재 세 곳이 남아 있지요.

의종은 이곳에서 3년간 생활하였다고 해요. 그래서 이곳에는 고려 시대의 기와 조각과 청자 조각이 남아 있고, 기우제와 산신제를 지내던 제단도 확인할 수 있어요. 의종은 이곳에서 유배 생활을 하는 동안 백성들에게 말을 키우고 농사를 짓는 것은 물론 화살을 비롯한 각종 무기들도 만들게 했다고 전해집니다.

3년간의 생활의 모습을 보여 주듯 폐왕성에는 여러 유적을 찾아볼 수 있는데, 그중 비가 오면 물을 모아 두는 역할을 하였던 연지가 있지요. 연지의 규모는 지름 16.2m, 깊이 3.7m에 달해 많은 물을 보관할 수 있었어요. 무신 정변이라는 역사적 사실과 의종의 슬픔이 배어 있는 이곳은 1974년 2월 16일에 경상남도 기념물 제11호로 지정되어 관리되고 있답니다.

찾아가기 경남 거제시 둔덕면 거림리

폐왕성 성벽

복원된 연지의 모습

『역사공화국 한국사법정 17 왜 무신 정변이 일어났을까?』와 관련한
논술 문제를 풀어 봅시다.

※ 다음 제시문을 읽고 물음에 답하시오.

(가) 인종의 총애를 받던 정중부는 우직한 충성심과 성실함으로 의
    종에게서도 신임을 얻습니다. 이후 정중부는 무신 정변을 일으
    켜 문신들을 없앨 때도 왕인 의종은 죽이지를 못하였지요.

(나) 최충헌은 정치적 기반인 '교정도감'과 군사적 기반인 '도방, 삼
    별초', 경제적 기반인 '대농장'을 바탕으로 자신의 권력을 공고
    히 해나갑니다. 그래서 명종-신종-희종-강종-고종에 이르는
    임금이 바뀔 때도 최고의 권력을 쥐고 있을 수 있었지요.

1. (가)는 무신 정변을 일으킨 정중부에 대한 이야기이고, (나)는 가장
   오랜 기간 정권을 갖고 있던 최충헌에 대한 이야기입니다. 정중부와
   최충헌 모두 막강한 권력을 가지고 있으면서도 왕이 되려고 하지는
   않았지요. 그 이유는 무엇인지 당시의 시대적 상황을 생각하며 적어
   보시오.

※ 다음 제시문을 읽고 물음에 답하시오.

(가) "저는 무신 정권기에 노비로 살고 있었습니다. 당시 신분제도
의 변화를 눈으로 목격하며 제 신분도 올라갈 수 있다는 희망을
가졌지요. 그래서 수백 명의 노비들의 뜻을 모았지요. 사실 '왕
후장상의 씨가 따로 있지는 않은 것'이니까요. 왜 우리만 상전의
매질을 당해 가며 뼈 빠지게 일해야 하는지 모르겠어요. 그래서
흥국사에 모여 북을 치고 고함을 지르며 격구장으로 달려가 난
을 일으킬 것을 모의하였어요. 하지만 안타깝게도 계획이 어긋
나고 말았습니다. 모의 계획이 알려져 저를 비롯한 노비 100여

명이 강물에 던져졌지요. 스스로 자유를 찾으려고 했던 것이 죽음을 부를 정도로 잘못된 일인 것입니까?"

(나) "저는 무신 정변 이후 10년 이상 정권을 잡았던 이의민입니다. 사실 비밀인데 전 노비 출신이지요. 하지만 최고의 권력을 누리는 자리까지 올랐답니다. 경대승이 죽고 난 빈자리를 잽싸게 차지해 정권을 장악하였기 때문입니다. 저는 원래 문신들만 임명했던 지방관에 하급 무신을 임명하여 그들을 회유하는 정책을 펴기도 했어요. 딸을 바쳐 태자비로 삼기도 했지만 결국은 최충헌에 의해 목숨을 잃고 말았답니다."

2. (가)와 (나)를 읽고 만적과 이의민의 공통점과 차이점에 대해 쓰시오.

왜 무신 정변이 일어났을까?

해답 1 옛 사람들은 왕은 아주 특별한 사람으로 하늘이 내린다는 생각을 갖고 있었습니다. 그래서 삼국을 건설한 왕들이 알을 깨고 나오는 등 독특한 탄생 설화를 가지고 있지요. 따라서 정중부와 최충헌 모두 힘은 있지만, 일반 사람인 자신이 왕이 되면 백성들에게 원망을 사서 더 큰 화를 입을 수 있다고 생각했지요. 그래서 스스로 왕은 되지 않고 권력만 누린 것입니다.

해답 2 (가)에서도 알 수 있듯이 만적은 노비입니다. 고려 시대 가장 낮은 신분에 속하였지요. 또한 (나)의 이의민의 신분도 천한 신분이었습니다. 고려 시대에 대한 역사서인 『고려사』에 따르면, 이의민은 경주 출신으로 아버지는 소금 장수인 이선이며 어머니는 영일현 옥령사의 종이었기 때문입니다. 이렇게 만적과 이의민은 낮은 신분을 가지고 있었지만, 신분의 불평등에서 벗어나기 위해 떨치고 일어났다는 공통점이 있습니다.

그러나 만적의 난은 성공하지 못했고, 이의민은 성공하여 최고 권력의 자리에 올랐다는 차이점이 있습니다. 물론 이의민도 최충헌의 손에 죽임을 당하고 만적도 모의가 탄로나 죽임을 당하지만, 이의민은 10년 동안 무소불위의 권력을 누렸지요.

* 해답은 예시로 제시된 내용입니다.

역사공화국 한국사법정 17

왜 무신 정변이 일어났을까?

© 신안식, 2011

초 판 1쇄 발행일 2011년 2월 15일
개정판 1쇄 발행일 2014년 1월 20일
개정판 6쇄 발행일 2023년 12월 1일

지은이   신안식
그린이   박상철
펴낸이   정은영

펴낸곳   (주)자음과모음
출판등록 2001년 11월 28일 제2001-000259호
주소   (04047) 서울시 마포구 양화로6길 49
전화   편집부 (02) 324-2347 경영지원부 (02) 325-6047
팩스   편집부 (02) 324-2348 경영지원부 (02) 2648-1311
이메일   jamoteen@jamobook.com

ISBN 978-89-544-2317-5 (44910)

과학공화국 법정시리즈 (전 50권)

생활 속에서 배우는 기상천외한 수학·과학 교과서!
수학과 과학을 법정에 세워 '원리'를 밝혀낸다!

이 책은 과학공화국에서 일어나는 사건들과 사건을 다루는 법정 공판을 통해 청소년들에게 과학의 재미에 흠뻑 빠져들게 할 수 있는 기회를 제공한다. 우리 생활 속에서 일어날 만한 우스꽝스럽고도 호기심을 자극하는 사건들을 통하여 청소년들이 자연스럽게 과학의 원리를 깨달으면서 동시에 학습에 대한 흥미를 가질 수 있도록 구성하였다.

철학자가 들려주는 철학 이야기 (전 100권)

아이들의 눈높이에 맞춘 철학 동화!
책 읽는 재미와 철학 공부를 자연스럽게 연결한 놀라운 구성!

대부분의 독자들이 어렵게 느끼는 철학을 동화 형식을 이용해 읽기 쉽게 접근한 책이다. 우리의
삶과 세상, 인간관계에 대해 어려서부터 진지하게 느끼고 고민할 수 있도록, 해당 철학 사조와 철
학자들의 사상을 최대한 풀어 썼다.

이 시리즈의 가장 큰 장점은 내용과 형식의 조화로, 아이들이 흔히 겪을 수 있는 일상사를 철학 이
론으로 해석하고 재미있는 이야기로 담은 것이다. 또한 아이들의 눈높이에 맞는 쉽고 명쾌한 해
설인 '철학 돋보기'를 덧붙였으며, 각 권마다 줄거리나 철학자의 사상을 상징적으로 표현한 삽화
로 읽는 재미를 더한다. 철학 동화를 이끌어가는 주인공을 형상화하고 내용의 포인트를 상징적으
로 표현한 삽화는 아이들의 눈을 즐겁게 만들어준다. 무엇보다 이 시리즈는 철학이 우리 생활 한
가운데 들어와 있고, 일상이 곧 철학이라는 사실을 잘 보여준다. 무엇보다 자기 자신을 극복한다
는 것, 인간을 사랑한다는 것, 진정한 인간이 된다는 것, 현실과 자기 자신을 긍정한다는 것 등의
의미를 아이들의 시선에서 풀어내고 있다.